Le Code de la propriété intellectuelle, en vertu de l'article L122-5, 2° et 3°a, n'autorise que « les copies ou reproductions strictement réservées à l'usage privé du copiste et non destinées à une utilisation collective » ainsi que les analyses et les courtes citations à des fins d'exemple et d'illustration. Toute représentation ou reproduction intégrale ou partielle faite sans le consentement de l'auteur ou de ses ayants droit ou ayants cause est donc illicite (Art L122-4).

Cette représentation ou reproduction, par quelque procédé que ce soit, constituerait une contrefaçon, sanctionnée par les articles L335-2 et suivants du Code de la propriété intellectuelle.

Table des matières

Avant-propos 8

Introduction 11

Partie I – Comment fonctionne la vie en copropriété 14

Chapitre I – Reconnaître une copropriété 15

1. Reconnaître une copropriété verticale 15

2. Reconnaître une copropriété horizontale 16

3. Lotissement ou copropriété horizontale : quelle différence ? 17

4. Les servitudes de passages et de réseaux 19

Chapitre II – Propriétaire en copropriété, qu'est-ce que cela signifie réellement ? 21

1. Quelle différence entre propriétaire et copropriétaire? 21

2. Qui paie quoi ? Le critère d'utilité 24

3. Être redevable des charges de copropriété 26

4. Le rôle du syndic et ses missions : 29

5. Le syndic bénévole, une alternative à moindres frais 32

6. La loi du 10 juillet 1965 et le règlement de copropriété 36

7. Le règlement intérieur en copropriété 38

Partie II – Investir dans votre 1ᵉʳ appartement sans perdre d'argent 40

Chapitre I – Ne perdez pas votre temps : les choses à demander avant la visite 44

1. Y a-t-il eu des incidents de paiements dans la copropriété ? 46

2. Vérifiez si la copropriété est gérée par un syndic bénévole ou professionnel..48

3. Des travaux importants ont-ils été acceptés lors de la dernière assemblée générale ? 50

4. Diagnostic de performance énergétique (DPE) et plan pluriannuel de travaux (PPT) en copropriété à quoi servent-ils réellement ?...51

5. Comment s'applique le plan pluriannuel de travaux (PPT) et le DPE Collectif en copropriété ? 54

Chapitre II – Les choses à vérifier pendant la visite....56

1. Existe-t-il des parties communes à jouissance exclusive (privative) ?...58

2. Plus c'est grand, plus c'est haut, plus c'est cher....62

3. Les compteurs d'eau et d'électricité 64

4. Le chauffage commun et l'eau chaude commune..68

5. Les voisins, bonne ou mauvaise pioche 69

6. Le conseil syndical, allié ou ennemi de vos projets.71

7.Anticiper les travaux de l'immeuble à moyen et long terme 73

Chapitre III – Dernière étape : les vérifications cruciales lors de la signature de l'acte 75

1.Vérification des numéros de lots : 76

2. Vérification des surfaces et des servitudes 67

3.Le décompte final 77

4.La double minute 68

Partie III_-Connaître les règles pour bien vivre et optimiser votre nouvel appartement 80

Chapitre I – Les assemblées générales, un levier puissant pour accéder à vos demandes 81

1.Pourquoi faire une assemblée générale chaque année? 81

2.Comment participer en optimisant son temps et son énergie ? 83

3.Voter intelligemment en assemblée générale 85

4.Travaux et clés de répartition : comment ça marche? 86

5.Le pouvoir des majorités 89

6. S'opposer à une décision d'assemblée générale portant sur des travaux 93

7.L'évolution de la loi et des décrets 94

8. Pourquoi faire une assemblée générale extraordinaire?...94

Chapitre II – Les problèmes les plus courants en copropriété...95

1. Les charges impayées...96

2. Les dégâts des eaux en copropriété 99

3. Si vous êtes infiltré ou à l'origine d'une infiltration 100

4. Qui paie les factures d'intervention ? 101

5. Comment l'indemnisation du préjudice est-elle prise en charge?..103

6. Qu'est-ce que la convention CIDE-COP ? 104

7. Acheter un émetteur en copropriété................... 106

8. Les problèmes d'imputations des charges.......... 108

9. Une obligation de moyen, mais pas de résultat 110

10. Comprendre les comptes financiers de la copropriété (c'est pour votre bien).........................111

Chapitre I – Faire des travaux en copropriété (sans se faire d'ennemi) 118

1. Faire des travaux en copropriété 118

2. Bénéficier des aides pour faire des travaux de rénovation énergétique..119

3. Que dit la loi sur l'heure légale des travaux à l'échelle nationale?...121

Quels sont les horaires autorisés pour les travaux ? 122

5.La réglementation pour les travaux le dimanche .. 123

6.Comment faire constater une nuisance sonore.... 124

7. Que faire en cas de non-respect des horaires de travaux ? 125

8. Le prêt en copropriété pour les travaux décidés en assemblée générale..126

Chapitre II- Optimiser son achat en copropriété 127

Chapitre III – Avoir un locataire en copropriété........ 132

1.Choisir un locataire 132

2.Un locataire qui correspond aux attentes de l'immeuble 133

3.Beau et pas cher, ou moche et robuste ? 134

4.Les bons comptes font les bons locataires : récupérez les charges..135

5. Comment payer ou réclamer les charges sans tension 138

6.Comment calculer la régularisation des charges . 138

7.Gestion locative ou gestion en direct, de propriétaire à locataire..140

Chapitre IV – La location courte durée................. 143

1.La réglementation de la location courte durée en copropriété145

2.Les démarches pour louer en courte durée 145
3.Conseils pour réussir votre location courte durée 147

Avant-propos

À vingt ans, après trois années de méandres universitaires avec mon seul baccalauréat en poche, je décidai d'entreprendre une carrière dans l'immobilier. J'ai eu la chance de trouver un poste dans une petite agence de quartier. Le patron de cette agence a dû voir en moi quelque chose d'imperceptible à ce moment-là. Notre collaboration dura six ans, durant lesquelles j'ai acquis beaucoup d'expérience et de compétences en transaction et en location. J'ai acquis beaucoup d'expérience et de compétences en transaction et en location. Il m'a appris tous les rouages de l'immobilier et du commerce, mais ses connaissances avaient un prix: il était dur et intransigeant, surveillant à la virgule près ce que j'écrivais.

Un souvenir que je garderai à tout jamais en tête, c'étaient ses appels du soir qui avaient lieu à la fermeture de l'agence. Il avait pour habitude d'appeler aléatoirement les soirs de semaine à 18h31, lors de mes permanences afin de vérifier que j'étais toujours à l'agence. Il était strict mais il m'a inculqué les valeurs du travail bien fait.

Malheureusement, au moment où je prenais le plus de plaisir à travailler avec lui, il prit la décision de se retirer et de vendre son affaire. J'aurais voulu racheter son agence, mais je n'avais pas assez d'argent pour le faire à ce moment-là. Cependant, j'avais un plan. En parallèle de mes six années sous ses ordres, j'ai pris des cours du soir pour obtenir un brevet de technicien supérieur en immobilier, afin de pouvoir être légitimement détenteur des habilitations nécessaires à la création de mon agence immobilière. Mais au fil des jours, mes relations se dégradaient de plus en plus avec le nouveau repreneur de l'agence. J'ai alors décidé de démissionner sur un coup de tête et de continuer un peu plus mes études afin de m'ouvrir à d'autres perspectives dans l'immobilier.

L'immobilier transactionnel et locatif me plaisait beaucoup, mais j'avais besoin de découvrir d'autres facettes du milieu. J'ai donc décidé d'entreprendre des études complémentaires, en parallèle de mes nouvelles fonctions de gestionnaire de copropriété. Je voulais m'ouvrir à de nouvelles perspectives de l'immobilier. J'étais subjugué devant ces hommes et ces femmes, capables de tenir une assemblée générale d'une main de fer, devant plus de cent personnes. Je rêvais de pouvoir passer dans une rue et me dire que j'étais à l'origine d'une réfection de façade ou de la rénovation complète d'une toiture. Je rêvais de voir mon nom et ma signature apparaître dans des procès-verbaux même trente après mon passage. Jongler entre la fonction de juriste, de technicien du bâti et accessoirement comptable, je voulais être un homme indispensable à cette vie en copropriété. Voilà maintenant plusieurs années que j'occupe ces fonctions de gestionnaire.

Aujourd'hui, j'ai acquis beaucoup d'expertise grâce à mes années, passées dans l'immobilier à des postes variés. Écrire ce livre me permet de coucher sur le papier tout ce que j'ai appris et de vous en faire profiter un maximum. À sa lecture, vous vous rendrez compte qu'il m'arrive parfois d'avoir des positions très marquées sur certains sujets. Ces positions n'engagent que moi, car elles sont le fruit de mon expérience. Je vous invite vraiment à vous faire votre propre avis. Pour finir, je vous souhaite une très bonne lecture et beaucoup de bonheur, comme j'ai pu en avoir à la rédaction de cet ouvrage.

Introduction

La France compte actuellement 37,2 millions de logements. Chaque année, elle construit 300 000 nouvelles habitations pour répondre à la demande croissante de logements. Dans cette immense fourmilière, 44 % sont des biens en copropriété. Les terrains constructibles deviennent de plus en plus rares et chers, poussant les promoteurs à privilégier la construction d'immeubles pour répondre à la demande des personnes souhaitant se rapprocher des centres-villes. Près de la moitié des Français vivent dans des appartements, et la conjoncture actuelle laisse entrevoir une augmentation continue de ce chiffre avec le temps. Les taux d'emprunts des crédits immobiliers ayant explosé ces deux dernières années, les achats s'orientent encore plus vers de l'habitat en copropriété.

Il existe trois raisons possibles pour lesquelles vous pourriez être intéressé par la lecture de ce livre.

La première raison est que vous envisagez d'acheter votre premier appartement, votre résidence principale en copropriété, et que vous avez besoin d'aide et d'informations pour vous guider dans cet achat initial.

La deuxième possibilité est que vous cherchez à acquérir des connaissances en immobilier et plus particulièrement dans la gestion d'appartements dans le but précis d'investir sur une multiplicité de biens.

La dernière hypothèse pourrait être que vous avez eu une mauvaise expérience en copropriété, ce qui vous pousse à renforcer vos connaissances pour éviter de nouveaux problèmes. Vous souhaitez donc comprendre en détails le fonctionnement de la copropriété pour appréhender ce système parfois déconcertant de vie en cohabitation avec ses règles.

Ce livre va droit à l'essentiel pour vous aider à acheter, vivre et vendre correctement un appartement. Il sera votre guide pour économiser de l'argent, du temps et résoudre les problèmes fréquents que vous pourriez rencontrer. Ne vous inquiétez pas, il n'est pas ennuyeux et ne cherche pas à vous fournir des explications profondes sur des sujets inutiles. Cet ouvrage est organisé en quatre grandes parties, conçu pour que vous puissiez retrouver rapidement une information selon vos besoins. Ce petit livre n'est pas de la grande littérature et utilise un vocabulaire volontairement simple. Vous pourrez le lire en quelques heures seulement. Son objectif est de répondre à toutes vos questions relatives à la copropriété.

Après l'avoir lu, vous serez en mesure de comprendre:

- Comment fonctionne la vie en copropriété : en comprenant ses mécanismes, définir les droits et les devoirs des copropriétaires.

- Investir convenablement dans votre premier appartement. Nous décortiquerons le processus d'achat dans son intégralité afin de repérer les pièges et vous expliquer les astuces qui vous ferons gagner de l'argent.

- Les règles des vies en immeuble : Vous comprendrez comment vous pouvez faire vos travaux, comment fonctionne les charges, les obligations des copropriétaires, le rôle du syndic, les assemblées générales et le poids du conseil syndical.

- Rénover, louer et vendre votre appartement : en abordant des sujets tels que la gestion des locataires, la résolution des problèmes courants comme les impayés, les pannes d'eau chaude et les conflits de voisinage.

Après avoir lu ce livre, lors de vos prochaines visites, vous serez immédiatement capable de déterminer si le bien immobilier que vous convoitez représente une opportunité ou un problème en devenir. En suivant les conseils de ce guide, vous saurez comment vous sortir d'une situation difficile. De plus, vous serez en mesure de gérer efficacement les travaux de copropriété et d'utiliser tous les leviers à votre disposition pour vivre mieux et plus sereinement.

Partie I – Comment fonctionne la vie en copropriété

La perception la plus courante des copropriétés les représente sous forme d'immeubles. Toutefois, elles revêtent en réalité une multitude de formes, certaines facilement identifiables tandis que d'autres sont plus discrètes. Par exemple, un immeuble peut comporter 40 appartements répartis sur cinq étages, mais il peut également se composer de seulement deux logements sur un seul niveau. De même, une maison de village divisée en deux appartements devient une copropriété dès lors qu'elle abrite deux habitations, quelle que soit leur taille. Vous avez peut-être déjà observé de toutes petites maisons transformées en trois studios de 15 m^2, avec une seule fenêtre à chaque étage. Toutes les configurations mentionnées ci-dessus relèvent de la copropriété.

Dans certains cas rares, des individus découvrent avec amertume la réalité de la copropriété après avoir signé l'acte authentique et se retrouvent surpris d'être redevables des charges. Il serait préjudiciable et regrettable de réaliser trop tard que l'achat que vous avez effectué relève de la copropriété alors que vous pensiez acquérir une monopropriété. C'est précisément l'objectif de ce premier chapitre : vous expliquer comment reconnaître la copropriété dans toutes ses formes ainsi que les principes fondamentaux de son fonctionnement.

Chapitre I – Reconnaître une copropriété

1. Reconnaître une copropriété verticale

Le premier type de copropriété que nous connaissons tous est l'empilement de logements sous forme d'immeuble, ce que l'on appelle la copropriété verticale. Il est essentiel de porter une attention particulière aux bâtiments composés de seulement deux ou trois appartements. Cette configuration est fréquente dans les centres-villes de France, où de petites maisons sont divisées en plusieurs logements, formant ainsi des copropriétés. Peu importe le nombre d'appartements, il est important de partir du principe que s'il ne s'agit pas d'une monopropriété, vous êtes en copropriété. Cette règle s'applique également aux parkings, aux garages et aux terrains à bâtir.

Dans une copropriété verticale, vous partagez la porte d'entrée, la cage d'escalier, les planchers des niveaux, l'ascenseur et surtout, le toit et les façades. Tous les travaux d'entretien sont donc à la charge de tous les copropriétaires. Vous êtes donc solidaire des travaux de réparation de toiture, même si le dommage est chez votre voisin. Vous partagez le même toit et les mêmes murs. Vous partagez également le même réseau de canalisations montantes et descendantes. Par exemple, si les clients du restaurant situé au rez-de-chaussée de l'immeuble obstruent le réseau d'eaux usées avec des lingettes, vous devrez contribuer au débouchage si le règlement de copropriété ne prévoit pas de clé de répartition spécifique pour les commerces à cet effet. Nous examinerons plus en détail le principe des clés de répartition dans une autre partie.

2.Reconnaître une copropriété horizontale

Une copropriété horizontale se compose généralement d'un ensemble de maisons reliées par le toit ou par des murs mitoyens. Ces maisons peuvent être disposées en îlots ou être complètement indépendantes les unes des autres. Par exemple, vous pourriez trouver un ensemble de petites maisons partageant un seul portail d'accès, des chemins communs, une piscine ou un parking, le tout organisé en copropriété.

Bien que cela puisse ne pas sembler être une copropriété à première vue, ces structures sont néanmoins considérées comme telles. Les copropriétaires se partagent les dépenses relatives aux parties communes telles que la piscine, le portail d'entrée et les espaces verts. Les dépenses liées à la réparation du toit de votre voisin, qu'il soit mitoyen ou non avec votre maison, sont souvent supportées par l'ensemble de la copropriété ou réparties en fonction des îlots.

3.Lotissement ou copropriété horizontale : quelle différence ?

La distinction majeure à retenir réside dans le fait qu'en copropriété horizontale, le sol ne vous appartient pas ; il s'agit d'une parcelle commune à tous les copropriétaires. En revanche, dans un lotissement, vous êtes propriétaire de la parcelle sur laquelle sont érigées les fondations de votre maison. Cela signifie que vous avez le droit de planter des arbres sur votre terrain, ce qui n'est pas toujours le cas en copropriété sans un accord préalable.

En apparence, le lotissement ressemble beaucoup à la copropriété horizontale. Un lotissement est constitué dès lors que deux parcelles contiguës sont destinées à la construction. Il résulte de l'aménagement de plusieurs parcelles en vue d'un seul projet de construction. À partir de deux lots, des réglementations spécifiques entrent en jeu, mais le lotissement n'est pas une copropriété. Il est possible qu'un cahier des charges soit établi, imposant des règles concernant les couleurs ou les matériaux à utiliser. Les propriétaires dans un lotissement doivent se conformer au cahier des charges pendant les dix années suivant la délivrance du permis d'aménager. Cependant, ils ne sont pas tenus de payer des charges, contrairement aux copropriétés.

En conclusion, la copropriété horizontale a longtemps été utilisée dans les petites villes afin de permettre la construction sur des zones où le taux de construction est restreint, en utilisant un permis de division. Cette solution est encore couramment employée pour contourner les Plans Locaux d'Urbanisme (PLU) dans certaines agglomérations. Dans la plupart des cas, la seule différence entre un lotissement et une copropriété réside dans l'aménagement à l'entrée. La présence d'un portail donnant accès aux habitations ou d'une piscine commune indique qu'il s'agit obligatoirement d'une copropriété[1].

> **! Information :** il arrive parfois que vous soyez intéressé par un bien situé dans une ASL (association syndicale libre). L'ASL reprend les mêmes principes que la copropriété classique, mais elle n'est pas soumise à la loi de 1965. Comprenez par là qu'elle est plus simple dans sa gestion, mais n'en reste pas moins une "co-propriété" avec des charges.

4. Les servitudes de passages et de réseaux

Une servitude est un droit réel qui accorde à une personne (appelée le propriétaire du fond dominant) le droit d'utilisation ou de passage sur une portion délimitée de la propriété d'une autre personne (appelée le propriétaire du fond servant) à des fins spécifiques. Il existe différents types de servitudes, parmi lesquels les plus courantes sont :

---

[1] *Informations complémentaires :* il arrive parfois que vous soyez intéressé par un bien situé dans une ASL (association syndicale libre). L'ASL reprend les mêmes principes que la copropriété classique, mais elle n'est pas soumise à la loi de 1965. Comprenez par là qu'elle est plus simple dans sa gestion, mais n'en reste pas moins une "co-propriété" avec des charges

- les servitudes de passage ;

- les servitudes d'écoulement ;

- les servitudes électriques ;

- les servitudes de conservation.

Les servitudes de passage autorisent une personne à traverser la propriété d'une autre pour accéder à une autre propriété. Les servitudes d'écoulement permettent à l'eau de s'écouler sur une propriété afin d'éviter l'inondation d'une autre propriété. Les servitudes électriques autorisent l'installation de lignes électriques sur une propriété pour fournir de l'électricité à une autre propriété. Les servitudes de conservation permettent aux propriétaires de propriétés adjacentes de maintenir des structures telles que des murs de soutènement ou des barrières pour protéger leurs propriétés respectives.

Il est important de noter que les servitudes sont établies par des actes juridiques, tels que des contrats ou des décrets, et qu'elles sont généralement attachées à une propriété plutôt qu'à une personne. Cela signifie qu'elles peuvent être transférées aux propriétaires successifs lorsque la propriété est vendue.

Cependant, il convient de noter que les servitudes de passage et/ou d'utilisation des réseaux nécessitent une attention particulière. Une servitude est imposée au propriétaire d'un bien (le fonds servant) au profit du propriétaire d'un autre bien (le fonds dominant). C'est un droit qui ne peut être révoqué s'il contribue à l'accès au terrain ou à la maison. Si cette servitude nécessite un entretien, la responsabilité incombe aux propriétaires qui en bénéficient. Par exemple, si les deux voisins du fonds utilisent une servitude pour les réseaux d'évacuation des eaux usées et que cette dernière se rompt dans le jardin du propriétaire assujetti à la servitude, ce sont ceux qui utilisent le réseau qui doivent assumer les frais de réparation.

Chapitre II – Propriétaire en copropriété, qu'est-ce que cela signifie réellement ?

1. Quelle différence entre propriétaire et copropriétaire ?

Lorsque vous achetez en copropriété, vous devenez propriétaire d'une petite partie de l'immeuble en plus de votre appartement. Chaque copropriétaire dispose donc de parties privatives et d'une quote-part des parties communes, appelées "tantièmes de copropriété". Cette part de copropriété est bien sûr fictive. Il ne s'agit pas d'un mur ou d'un pilier spécifique de l'immeuble. Pour aller plus loin, il est important de noter que les murs porteurs et les planchers de votre appartement ne vous appartiennent pas vraiment, car ils sont d'abord des parties communes, partagées entre le copropriétaire du haut et celui du bas dans le cas d'une copropriété verticale.

Vous avez le droit d'effectuer tous les petits travaux que vous souhaitez chez vous. Vous pouvez par exemple démolir une cloison en placoplâtre ou en briques dans votre appartement sans l'accord du syndicat des copropriétaires, à condition qu'elle ne soit pas porteuse. Tous les petits travaux courants ne nécessitent pas d'autorisation préalable. En revanche, vous n'êtes pas autorisé à percer ou creuser la dalle pour installer une douche à l'italienne sans l'accord de l'assemblée générale, car vous modifiez une partie commune. Dans cet exemple, une autorisation officielle est requise. Un autre exemple pourrait être la destruction d'un petit mur de séparation entre deux villas. Cette action nécessite une autorisation de l'assemblée générale, car il s'agit d'une partie commune. Les assemblées générales sont abordées dans un autre chapitre, plus loin dans ce livre.

Information : Pour obtenir l'autorisation nécessaire pour réaliser vos gros travaux, vous avez deux solutions :

Première solution : Attendre la prochaine assemblée générale annuelle et envoyer votre demande par courrier recommandé au syndic avant la date de l'AG. Assurez-vous de rappeler votre demande au syndic quarante jours avant la date prévue de l'assemblée générale pour garantir qu'elle soit inscrite à l'ordre du jour.

Deuxième solution : Convoquer une assemblée générale extraordinaire (AGE) à vos frais, avec l'assistance du syndic de copropriété. Gardez à l'esprit que lorsque vous convoquez une AGE, toutes les dépenses sont à votre charge. Cela inclut les frais de courrier recommandé pour la convocation et les procès-verbaux, ainsi que les frais de tenue de l'AGE par le syndic et éventuellement la location de la salle. Le coût total d'une AGE varie en fonction du nombre de copropriétaires et du forfait appliqué par le syndic pour la tenue de l'AGE. En règle générale, prévoyez un minimum de 500 € pour vingt personnes.

! **Information :** Une autre alternative existe vous pouvez solliciter l'accord préalable du conseil syndical pour réaliser vos travaux sans attendre l'assemblée générale, à condition d'obtenir un écrit de leur part. Il est toutefois important de noter que vos travaux devront être ratifiés lors de l'assemblée générale annuelle. Cette approche représente la meilleure alternative pour éviter d'attendre près d'un an entre deux assemblées générales ordinaires. Cependant, il convient de souligner que cette pratique n'est généralement pas très bien perçue par les autres copropriétaires, surtout lorsqu'il s'agit de travaux de confort.

2. Qui paie quoi ? Le critère d'utilité

En copropriété, s'il y a une règle à retenir pour déterminer ce que vous allez payer, c'est celle du "critère d'utilité". Ce critère général guide la répartition des charges que vous aurez à payer. Ainsi, si vous devez emprunter un passage pour accéder à votre maison, vous paierez des charges pour ce passage. De même, si vous utilisez une source de lumière pour vous rendre à votre garage, vous paierez les charges liées à l'électricité et à l'entretien de cette source lumineuse. Si vous devez utiliser une porte de cave pour accéder au local à vélos et prendre votre bicyclette, vous paierez des charges pour l'entretien de cette porte. Vous êtes redevable des charges d'un équipement ou d'une structure dès lors qu'il vous est possible de l'utiliser.

À titre d'exemple, dans certaines grandes copropriétés, tous les copropriétaires contribuent aux charges du portail d'accès du bâtiment A, même si certains utilisent uniquement le portail du bâtiment B. Cette dépense est partagée car la copropriété considère que les copropriétaires du bâtiment B pourraient également utiliser le portail A pour entrer ou sortir.

> **! Information** : Le règlement de copropriété définit précisément la répartition des charges de copropriété. En cas de doute, il est toujours recommandé de consulter le règlement de copropriété. Cela vous permettra de savoir, par exemple, si les dépenses relatives aux garde-corps de l'escalier "A" doivent être partagées avec celles de l'escalier "B". Les erreurs dans l'attribution des factures sont fréquentes en fin d'exercice. Si vous identifiez des erreurs dans l'attribution des charges, signaler ces erreurs est bénéfique pour l'ensemble des copropriétaires de votre bâtiment, car cela permettra des économies d'argent pour tous.

3.Être redevable des charges de copropriété

Pour assurer le paiement de l'électricité de la cage d'escalier, de l'eau pour l'arrosage du jardin et de l'assurance de l'immeuble, il est nécessaire d'avoir un fonds financier alimenté de manière continue. C'est le principe des charges ; les copropriétaires cotisent afin de pouvoir régler toutes les factures liées à l'entretien de l'immeuble. Les charges sont généralement appelées trimestriellement, semestriellement, voire mensuellement dans certains cas. Il est facile de comprendre qu'un copropriétaire qui ne paie pas ses charges pourrait rapidement mettre en péril la santé financière de l'immeuble.

Lorsque vous envisagez un projet d'achat immobilier, pour estimer le montant des charges annuelles à payer, vous devez consulter plusieurs documents importants. Idéalement, commencez par le RGDD nominatif, qui détaille les dépenses par clés, pour le compte du copropriétaire et en proportion de ses tantièmes. Derrière cet acronyme se cache « le relevé général des dépenses nominatif ». Chaque copropriétaire reçoit ce document après la vérification et la validation des comptes de copropriété, qui a lieu une fois par an en collaboration avec le conseil syndical. En examinant ce document, vous saurez exactement combien l'ancien copropriétaire (individuellement) et la copropriété (collectivement) ont dépensé au cours de l'année écoulée et combien vous devrez potentiellement dépenser l'année suivante.

En complément du RGDD nominatif, il est essentiel de consulter les deux derniers procès-verbaux d'assemblée générale. C'est dans ces documents que vous trouverez le programme des futurs travaux, leurs coûts et les dates des appels de charges à venir.

> **! Information :** Il est parfois mentionné lors de discussions entre vendeurs, acheteurs et agent immobilier que le propriétaire de l'appartement est responsable de toutes les charges votées en assemblée générale l'année précédente. Cette affirmation est totalement erronée et peut vous induire en erreur lors de votre processus d'achat. La loi est très claire à ce sujet : c'est le propriétaire à la date de l'appel de fonds qui est redevable des sommes demandées.

Par exemple :

- L'assemblée générale vote trois appels de fonds pour la future façade :

  - 20 % le 01/01/25
  - 20 % le 01/03/25
  - 60 % le 01/06/25
- Vous devenez propriétaire le 05/05/25

Conclusion : Vous devrez supporter le plus gros appel de fonds, qui est celui du 01/06/23.

Il est également courant de penser que le montant des charges de copropriété reste constant dans le temps. Cependant, cette croyance est totalement fausse. En réalité, les charges évoluent en fonction des décisions prises en assemblée générale ou en cas de problèmes imprévus rencontrés par l'immeuble. Par exemple, une fuite d'eau peut entraîner une surconsommation sur l'année en cours, et le coût supplémentaire sera supporté par les copropriétaires l'année suivante.

Il est donc essentiel de ne pas prendre pour acquis le montant des charges qui vous est annoncé. Il est recommandé de vérifier et d'anticiper par vous-même les dépenses futures en examinant attentivement les deux derniers procès-verbaux d'assemblée générale avant de signer le compromis de vente.

4. Le rôle du syndic et ses missions :

Le syndic représente le syndicat des copropriétaires. Il est chargé de la gestion de la copropriété et apporte son assistance aux copropriétaires sur les plans économique, juridique et opérationnel. Environ un tiers de son temps est consacré à la gestion des travaux de la copropriété. Il est responsable du recouvrement des dettes et de la gestion des procédures juridiques en cours, dans le but de défendre les intérêts des copropriétaires. Le syndic met en œuvre les décisions prises lors des assemblées générales et veille à leur bonne exécution. En réalité, une copropriété sans syndic n'est pas sensée exister, car le syndic est obligatoire[2] dans tous les cas où il y a une division de propriété impliquant au moins deux copropriétaires distincts.

Pour les résidents en copropriété, le syndic est le point de contact principal pour les travaux et facilite

---

[2] Décret n°67-223 du 17 mars 1967 : article 6-2 et article 6-3

la vie en copropriété. Ses missions incluent également la résolution des petits problèmes du quotidien des copropriétaires. Sa journée commence souvent par le traitement d'une cinquantaine de courriels dont la complexité varie en fonction des jours, des explications sur les appels de charges à donner par téléphone mais aussi des rencontres avec les copropriétaires sur les résidences. Cela ne représente qu'un exemple de matinée typique. L'après-midi, le syndic peut être occupé par des visites d'immeubles, des réunions avec le conseil syndical ou des assemblées générales. C'est un métier très diversifié et enrichissant, qui nécessite des connaissances approfondies dans de nombreux domaines et qui convient parfaitement à ceux qui recherchent un défi intellectuel constant et un apprentissage continu.

> **! Information :** Voici comment le syndic pourrait vous aider concrètement dans votre projet de pose de climatiseur dans votre logement. Légalement, vous devriez demander l'autorisation d'effectuer les travaux auprès du syndic, qui mettra votre demande à l'ordre du jour de la prochaine assemblée générale. Cependant, le syndic peut vous assister dans la rédaction de votre demande pour qu'elle soit conforme aux exigences de l'immeuble (normes de

> bruit, de hauteur, de couleur) et accélérer le processus de décision, vous permettant ainsi de réaliser vos travaux avant l'assemblée générale et avec l'aval du conseil syndical.

Demander de l'aide au syndic pour votre demande de travaux présente plusieurs avantages :

- Le syndic peut vous prodiguer des conseils précieux sur le choix du matériel à utiliser, basés sur son expérience et sur les demandes similaires déjà acceptées dans la copropriété. De plus, il peut vous aider à rédiger votre demande de manière claire et compréhensible pour l'ensemble des copropriétaires, ce qui augmente les chances d'acceptation.

- Il peut également vous informer sur la nécessité d'attendre l'assemblée générale pour procéder aux travaux. Parfois, votre demande peut correspondre à une décision déjà votée lors d'une précédente assemblée générale, et dans ce cas, l'accord du conseil syndical peut suffire pour autoriser les travaux.

Cependant, il est important de reconnaître que le métier de syndic est difficile et comporte de nombreux défis. De nombreux candidats ne parviennent pas à tenir sur la durée en raison de la charge de travail importante et du poids mental considérable qu'il implique. De plus, les gestionnaires doivent souvent faire face à des comportements irrespectueux de la part de certains copropriétaires, ce qui rend leur tâche encore plus difficile.

Dans vos interactions avec le syndic, il est conseillé d'utiliser plusieurs canaux de communication pour votre demande, tels que l'e-mail, les SMS ou les appels téléphoniques. De plus, renseignez-vous sur la date de passage du gestionnaire dans la copropriété, car un contact physique peut parfois être plus efficace pour échanger et transmettre des documents si nécessaire. En général, le gestionnaire répondra à votre demande dans la journée, mais s'il n'est pas disponible, vous pourrez le rencontrer lors de sa visite d'immeuble régulière ou le joindre aisément par téléphone.

5. Le syndic bénévole, une alternative à moindres frais

Le recours à un syndic bénévole peut sembler attrayant pour réduire les coûts de gestion de la copropriété, mais il présente des limites importantes. Contrairement au syndic professionnel, le syndic bénévole est souvent une personne unique qui s'engage à gérer la copropriété de manière gracieuse, en se faisant uniquement rembourser les frais engagés pour sa mission, tels que les déplacements ou les frais de communication.

> **Information :** La loi a instauré dernièrement un nouveau mode de gestion dit : Syndic coopératif. Le syndic coopératif est un mode de gestion de type collégial. Concrètement, la copropriété est gérée par le conseil syndical, sans professionnel externe. Lorsqu'un immeuble est géré par un syndic coopératif, l'un des copropriétaires est élu en qualité de président du conseil syndical. C'est lui qui agit en qualité de syndic de copropriété. C'est pourquoi, il est souvent appelé président-syndic

Dans l'idéal, cette solution peut fonctionner efficacement, mais en réalité, elle comporte plusieurs inconvénients. Tout d'abord, le syndic bénévole manque généralement d'expérience et de formation dans le domaine de la copropriété. Il peut donc rencontrer des difficultés pour gérer efficacement les aspects juridiques, comptables et administratifs de la copropriété. De plus, il peut ne pas disposer des informations essentielles sur la copropriété, telles que son historique, les plans ou les dossiers d'assemblées générales à jour.

Par conséquent, le syndic bénévole peut avoir du mal à gérer les impayés, à prendre des décisions importantes en cas de conflit ou à faire face à des problèmes juridiques complexes. Malgré sa bonne volonté, il peut manquer des réflexes et de l'expérience nécessaires pour gérer efficacement la copropriété.

Dans les petites copropriétés de deux lots, le recours à un syndic bénévole peut être envisageable et pratique. Cependant, dans les copropriétés plus importantes, il est recommandé d'opter pour un syndic professionnel, qui dispose des compétences et de l'expérience nécessaires pour gérer efficacement tous les aspects de la copropriété. Cela permet d'éviter les situations délicates et les conflits potentiels entre les copropriétaires. En moyenne, les honoraires d'un syndic professionnel s'élèvent à environ 100€ HT/lot par an, par copropriétaire. Cette dépense est un investissement judicieux pour assurer une gestion sereine de la copropriété.

> ⚠ **Information :** Devenir syndic bénévole pour sa copropriété peut être une démarche altruiste, mais cette bonne volonté comporte également des risques potentiels pour vous. En cas de problèmes graves survenant dans la copropriété, la responsabilité

pénale et civile du syndic bénévole peut être engagée.

Un exemple tragique illustrant cette réalité est celui d'un confrère qui a été confronté au pire scénario possible : un enfant s'est empoisonné avec des vieilles peintures au plomb situées dans le hall d'entrée de l'immeuble. Dans une telle situation, le syndic bénévole serait généralement la première personne que les autorités pourraient rechercher en responsabilité. Il pourrait être poursuivi pour ne pas avoir pris les mesures nécessaires pour assurer la sécurité du hall d'entrée.

Il est donc essentiel pour toute personne envisageant de devenir syndic bénévole de comprendre les responsabilités et les risques associés à ce rôle. Il est recommandé de se renseigner sur les obligations légales et les mesures de sécurité nécessaires pour gérer efficacement la copropriété. En outre, il peut être judicieux de consulter un professionnel du droit ou de l'immobilier pour obtenir des conseils sur les meilleures pratiques à suivre en tant que syndic bénévole.

6. La loi du 10 juillet 1965 et le règlement de copropriété

La loi du 10 juillet 1965 et son décret de mars 1967 sont les piliers régissant tous les aspects de la vie en copropriété. Consulter ces textes est crucial pour connaître ses droits et obligations en tant que copropriétaire. Ces documents sont disponibles gratuitement en ligne[3] et sont régulièrement mis à jour pour refléter les évolutions jurisprudentielles et les réformes. Une version papier est également disponible sous le titre de "Code de la copropriété".

Faire un parallèle avec la cuisine, c'est comme posséder une liste d'ingrédients et toutes les recettes pour réussir ses préparations. Malheureusement, beaucoup se lancent sans même consulter la première page du livre. En complément de ces textes fondamentaux, la loi Alur de 2014 vise à réformer les missions du syndic, tandis que la loi Elan de 2019 modernise et clarifie certains aspects de la vie en copropriété. Même pour ceux qui ne sont pas passionnés par la cuisine ou le domaine juridique, il est fortement recommandé de lire ces lois pour comprendre le fonctionnement de la copropriété,

---

[3] Retrouver tous les textes de loi sur le site : www.legifrance.gouv.fr

comme les services que le syndic peut facturer ou les actions qu'il peut entreprendre sans accord préalable.

Dans cette métaphore culinaire, le règlement de copropriété est l'ustensile indispensable. Ce document, d'environ 100 pages, doit être remis au moment de la signature de l'acte authentique ou, idéalement, lors de la signature du compromis. Il détaille les parties communes et privatives de l'immeuble ainsi que les règles en vigueur. On y trouve des informations sur l'utilisation des espaces communs, l'autorisation éventuelle de pratiquer la location de courte durée, voire des dates précises pour effectuer des travaux dans l'immeuble.

> **! Information :** Effectivement, il peut arriver que le règlement de copropriété entre en contradiction avec la loi de 1965 et ses rectificatifs. Dans de tels cas, c'est toujours la loi qui prévaut sur le règlement. Souvent, les règlements de copropriété sont anciens et n'ont pas été mis à jour depuis des décennies, ce qui peut les rendre obsolètes ou incompatibles avec la législation en vigueur. Il est donc essentiel de se référer à la loi pour connaître ses droits et obligations en copropriété, même si le règlement de copropriété peut fournir des informations complémentaires sur le fonctionnement spécifique de l'immeuble.

7. Le règlement intérieur en copropriété

Le règlement intérieur en copropriété peut donc être considéré comme un complément au règlement de copropriété, spécifiant des détails pratiques et des règles de vie commune. Il est souvent rédigé par le conseil syndical, qui peut l'ajuster au fil du temps en fonction de l'expérience et des besoins des copropriétaires. Les points abordés dans le règlement intérieur peuvent varier selon les particularités de chaque immeuble, mais ils visent généralement à réguler les aspects du quotidien qui ne sont pas couverts de manière exhaustive par le règlement de copropriété. Par exemple, il peut définir des horaires d'utilisation des espaces communs, des règles de comportement pour garantir la tranquillité des résidents ou encore des modalités pour l'utilisation des équipements collectifs tels que la piscine ou la salle de sport.

En somme, le règlement intérieur contribue à instaurer un cadre de vie harmonieux au sein de la copropriété en clarifiant les attentes et les comportements attendus des résidents.

Partie II – Investir dans votre 1ᵉʳ appartement sans perdre d'argent

Effectivement, investir dans votre 1ᵉʳ appartement nécessite une grande prudence et une analyse approfondie pour éviter les pièges potentiels. Des situations comme celle de la copropriété Grigny 2[4] mettent en lumière les risques associés à une mauvaise gestion et à des problèmes financiers graves. Les marchands de sommeil et les situations financières fragiles des copropriétaires peuvent entraîner des impayés de charges, des défauts d'entretien et même des litiges juridiques, ce qui peut compromettre la valeur et la viabilité d'un investissement en copropriété.

Il est donc crucial pour les investisseurs potentiels de se renseigner en profondeur sur l'état financier et la gestion de la copropriété avant d'acheter un bien immobilier. La diligence raisonnable implique de consulter les documents pertinents, tels que les procès-verbaux des assemblées générales, les états

---

[4] https://www.facebook.com/watch/?v=2987231111488754 Ci-contre la vidéo à regarder sur Grigny 2

financiers de la copropriété, et de poser des questions importantes sur les charges, les travaux prévus et les éventuels litiges en cours.

De plus, il est essentiel de se méfier des offres qui semblent trop belles pour être vraies, comme les propriétés grevées de baux commerciaux avec des charges mensuelles excessives. Ces situations peuvent entraîner des coûts imprévus et des difficultés financières à long terme pour les propriétaires.

En résumé, l'investissement en copropriété peut être lucratif, mais il nécessite une diligence raisonnable et une évaluation minutieuse des risques. En évitant les pièges potentiels et en prenant des décisions éclairées, les investisseurs peuvent maximiser leurs chances de succès et éviter de perdre de l'argent dans leur investissement immobilier.

Repérer les signes d'un appartement sain est essentiel pour éviter les pièges des marchands de sommeil et des copropriétés mal gérées. Voici quelques indicateurs clés qui peuvent vous aider dans votre recherche :

1. État général de l'immeuble : Lors de votre visite, observez l'état de l'immeuble, notamment les parties communes telles que le hall d'entrée, les escaliers, et l'extérieur. Des signes de négligence, comme des dégradations ou un manque d'entretien, peuvent indiquer des problèmes de gestion. Attendez-vous à des frais importants ou des difficultés à la revente.

2. Documents de la copropriété : Demandez à consulter les documents de la copropriété, tels que les procès-verbaux des assemblées générales, les comptes annuels, et le règlement de copropriété. Ces documents peuvent fournir des informations précieuses sur les dépenses, les travaux prévus, et les litiges en cours.

3. Montant des charges : Renseignez-vous sur le montant des charges de copropriété et leur évolution dans le temps. Des charges excessives ou en augmentation constante peuvent être le signe de problèmes financiers ou de mauvaise gestion. Attention aux approximations de votre agent immobilier. Vérifiez en demandant les documents attestant ses propos.

4. Impayés et contentieux : Interrogez le syndic ou les copropriétaires sur la présence d'impayés de charges ou de litiges en cours. Des impayés récurrents ou des litiges juridiques peuvent indiquer des difficultés financières ou des conflits au sein de la copropriété. Vous êtes censé trouver les informations dans le carnet d'entretien de la copropriété (à condition qu'il soit à jour)

5. Syndic professionnel : Vérifiez si la copropriété est gérée par un syndic professionnel ou bénévole. Un syndic professionnel peut offrir une gestion plus rigoureuse et professionnelle de la copropriété, réduisant ainsi les risques de mauvaise gestion.

> **! Information :** En posant les bonnes questions et en étant attentif aux signes d'alerte, vous pourrez mieux évaluer la santé financière et la gestion de la copropriété avant de prendre une décision d'achat et formuler votre offre. En prenant le temps d'analyser ces éléments vous pourrez maximiser vos chances de réaliser un investissement rentable et sûr en copropriété. Pendant votre visite, pensez à vous mettre dans la tête de vos futurs locataires qui viendraient en visite.

Chapitre I – Ne perdez pas votre temps : les choses à demander avant la visite

Avant chaque visite, il y a un certain nombre de questions à poser afin de savoir si le bien mérite une visite. Il s'agit de questions simples pour lesquelles on se doit de vous donner des réponses simples et précises. Dans le cas où les réponses ne sont pas satisfaisantes, je vous invite à demander des précisions, voire décliner la visite dans certains cas.

Il est essentiel de demander le montant précis des charges actuelles afin d'avoir une idée claire des dépenses mensuelles ou annuelles que vous devrez supporter en tant que copropriétaire. Cependant, il est important de noter que le montant des charges prévisionnelles indiqué dans l'annonce de vente peut parfois être estimé de manière approximative. Il est donc recommandé de demander des précisions sur la méthode utilisée pour calculer ce montant et de consulter les derniers appels de charges pour obtenir une estimation plus précise.

Il est crucial de comprendre que le montant des charges peut varier d'une année à l'autre en fonction des décisions prises lors des assemblées générales, notamment en ce qui concerne les travaux à réaliser et les dépenses courantes de la copropriété. Par conséquent, tenez-vous informé des décisions prises lors des assemblées générales précédents votre achat sur les trois dernières années pour prévoir des fluctuations potentielles dans le montant des charges.

! Information n°1 : Les très gros travaux se votent sur plusieurs années. Je vous demande de bien vérifier les appels de fonds et leurs intitulés sur les relevés de charges. Un ravalement commence toujours par une étude sur l'année n°1 et les travaux sont généralement payés sur les années n°2 et n°3.

! Information n°2 : Il est judicieux de prendre en considération la quantité d'équipements et la qualité des services offerts par la copropriété lors de l'estimation du montant des charges. En effet, des installations telles qu'un ascenseur ou la présence d'un gardien peuvent significativement influencer le coût des charges. Une copropriété offrant ces équipements et services aura généralement des charges plus élevées par rapport à une copropriété plus modeste, composée de seulement quelques lots et ne disposant que d'un escalier comme seule partie commune.

1. Y a-t-il eu des incidents de paiements dans la copropriété ?

Il est crucial de se renseigner sur l'existence d'incidents de paiements dans la copropriété, car cela peut avoir un impact financier sur tous les copropriétaires. En effet, en cas de défaillance d'un copropriétaire dans le paiement de ses charges, les autres copropriétaires peuvent être contraints de compenser cette dette. La procédure de recouvrement des dettes d'un copropriétaire défaillant se déroule en deux grandes étapes :

Étape 1 : Le syndic entame une tentative de recouvrement amiable de la dette par lettre recommandée, suivie d'une mise en demeure et d'un commandement de payer. Durant cette période, un avocat, un huissier et un conciliateur peuvent intervenir pour tenter de trouver une solution évitant une procédure longue et coûteuse. Des facilités de paiement sur une période prolongée peuvent être proposées au copropriétaire défaillant. Cette étape peut durer entre six mois et un an, de la première relance à l'intervention du conciliateur.

Étape 2 : En cas d'échec de la procédure amiable, l'assemblée générale décide de voter la mise en vente de l'appartement du copropriétaire défaillant pour recouvrer la créance impayée. Cette vente intervient généralement deux à quatre ans après le début de la procédure. En attendant la vente, les copropriétaires continuent de payer pour compenser les dettes du défaillant, et la dette est arrêtée sur un compte appelé "créance douteuse", désignant les fonds que l'on pense irrécupérable.

> **Information :** Depuis le 9 avril 2024, le législateur vient d'ajouter le syndicat des copropriétaires à cette liste des créanciers pouvant pratiquer des saisies conservatoires sans autorisation du Juge. Le syndicat des copropriétaires justifiant de provisions pour charges de copropriété impayées peut désormais procéder à la saisie conservatoire des comptes, biens et/ou créances (dont les loyers) des copropriétaires indélicats, sans autorisation du Juge.

Pour conclure, Il est important de noter que l'annonce de vente doit mentionner si des procédures sont en cours pour des impayés de charges. Cependant, il est essentiel de comprendre que cette mention concerne uniquement les procédures qui ont atteint l'étape 2 de la procédure de recouvrement des dettes en copropriété, telles que décrites précédemment. Cela signifie qu'il peut y avoir d'autres copropriétaires en situation de défaillance de paiement, mais pour lesquels aucune procédure n'a encore été entamée. Il est donc possible que la copropriété doive bientôt prendre des mesures similaires pour recouvrer les dettes de ces copropriétaires.

2.Vérifiez si la copropriété est gérée par un syndic bénévole ou professionnel

Il est essentiel de connaître le type de syndic en charge de la copropriété concernée. Voici les différents types de syndics :

1. Syndic professionnel de grande marque : Ces sociétés sont bien établies et disposent d'une équipe pluridisciplinaire comprenant des gestionnaires, des assistants, des comptables, un service contentieux, des agents administratifs, voire des techniciens du bâtiment. Elles sont généralement des entreprises importantes avec au moins 2 000 salariés. Bien que ces syndics offrent généralement un service de qualité, ils ont tendance à être plus coûteux et la qualité de service diffère d'une région à l'autre.

2. Société de Syndic de taille intermédiaire : Ces sociétés peuvent varier en taille, allant de 2 à 100 personnes environ. Bien qu'elles puissent être très volontaires et impliquées, leurs services peuvent être moins efficaces en raison du manque d'équipes pluridisciplinaires. Les gestionnaires dans ces structures doivent souvent assumer plusieurs rôles, ce qui peut ralentir la gestion des copropriétés.

3. Syndic bénévole : Il s'agit d'une personne physique qui agit en tant que syndic sans être un professionnel. Ce type de syndic peut être attractif en raison de son très faible coût, mais il peut également présenter des limites en matière de gestion, surtout face à des problèmes complexes.

4. Entreprises d'aide à la gestion entièrement dématérialisée : Ces entreprises fournissent une assistance à distance pour la gestion des copropriétés. Cependant, la plupart d'entre elles ne disposent pas de la reconnaissance législative nécessaire pour gérer une copropriété comme le ferait un syndic traditionnel. Ce système peut présenter des lacunes et des points faibles, et il est conseillé de l'éviter pour le moment, en attendant qu'il se perfectionne.

Il est donc important de savoir quel type de syndic gère la copropriété afin d'évaluer la qualité et l'efficacité de la gestion de celle-ci.

Il est crucial de savoir si des travaux importants ont été approuvés lors de la dernière assemblée générale, car cela peut avoir un impact financier sur votre investissement. Par exemple, de nombreux immeubles votent actuellement des travaux de rénovation énergétique, tels que des ravalements avec isolation par l'extérieur. Ces travaux peuvent représenter des coûts importants pour les copropriétaires.

3.Des travaux importants ont-ils été acceptés lors de la dernière assemblée générale ?

Pour évaluer la situation financière de l'immeuble, demandez si des travaux importants ont été votés lors de la dernière assemblée générale. Si c'est le cas, renseignez-vous sur le montant total des travaux, ainsi que sur la répartition des coûts entre les copropriétaires. Cela vous permettra de déterminer si vous avez les moyens financiers nécessaires pour couvrir votre part des dépenses prévues.

Il est également important de noter que certains copropriétaires peuvent être incités à vendre leur bien en raison du montant des travaux votés. Par conséquent, assurez-vous d'examiner attentivement les implications financières des travaux votés avant de vous engager dans l'achat d'un bien immobilier en copropriété.

> **! Information :** il est essentiel de noter que le propriétaire du bien à la date de l'appel de charges est redevable des charges, qu'il ait voté pour ou contre les travaux lors de l'assemblée générale. Cela signifie que si vous achetez un bien en copropriété après que les travaux ont été votés mais avant que les charges ne soient appelées, vous serez quand même tenu de payer votre part des dépenses. Cette information est importante à prendre en compte lors de l'achat d'un bien en copropriété, car même si vous n'avez pas participé à la décision de réaliser les travaux, vous serez tout de même responsable financièrement de votre part des charges. Assurez-vous donc de bien comprendre les implications financières des décisions prises en assemblée générale avant de finaliser votre achat.

4. Diagnostic de performance énergétique (DPE) et plan pluriannuel de travaux (PPT) en copropriété à quoi servent-ils réellement ?

En France, la question de la performance énergétique des bâtiments est devenue un enjeu majeur. Face à l'urgence climatique et à la nécessité de réduire nos consommations d'énergies fossiles, le gouvernement a mis en place plusieurs mesures pour inciter les propriétaires et les copropriétés à améliorer la performance de leurs biens immobiliers. Il est important de bien distinguer le DPE réalisé à titre individuel dans votre logement et le DPE Collectif, réalisé à l'échelle de la copropriété.

Pour les particuliers, le Diagnostic de performance énergétiques c'est : Un état des lieux énergétique obligatoire depuis 2006 pour la vente ou la location d'un bien immobilier, le DPE est un document qui évalue la consommation énergétique d'un bâtiment et son impact environnemental. Il attribue au logement une étiquette énergétique allant de A (bâtiment très performant) à G (bâtiment très énergivore).

Depuis le 1er juillet 2021, le DPE a fait l'objet d'importantes évolutions visant à améliorer sa fiabilité et son utilité pour les propriétaires et les locataires. Ces évolutions incluent notamment :

- L'extension de l'obligation du DPE aux locaux professionnels et aux logements vacants.
- La réduction de la durée de validité du DPE de 10 à 5 ans pour les logements.
- L'obligation de fournir des informations plus détaillées sur les équipements de chauffage et de production d'eau chaude sanitaire.

- L'ajout d'une étiquette énergie bâtiment durable (BED) qui renseigne sur les émissions de gaz à effet de serre du bâtiment.

> ⛔ **Information complémentaire et capitale :**
>
> Depuis le 1er janvier 2023, les logements classés G+, soient les logements très énergivores affichant une consommation supérieure à 450 kWhEP/m².an, **sont interdits à la location.**
>
> À partir du 1er janvier 2025, la mise en location de logements classés G (les plus énergivores) sera interdite en France métropolitaine, conformément à la nouvelle réglementation du DPE.
>
> À partir de 2028, lors de la reconduction tacite du bail, le logement devra être conforme aux nouvelles exigences, sous peine de sanctions

5. Comment s'applique le plan pluriannuel de travaux (PPT) et le DPE Collectif en copropriété ?

Le plan pluriannuel de travaux (PPT) est un contrôle technique de la copropriété complété d'un DPE Collectif permet aux copropriétés d'identifier les points faibles énergétiques de leur immeuble et de mettre en place un programme de travaux sur 10 pour les améliorer.

Ce document stratégique obligatoire est élaboré par un cabinet spécialisé et indépendant qui la mission d'inspecter les moindres détails de la copropriété afin d'identifier les anomalies et les points faibles du bâti. Le diagnostiqueur établi une feuille de route qui définit les objectifs de performance énergétique à atteindre, les travaux nécessaires pour les réaliser, leur coût, leur calendrier et leur financement.

L'instauration du PPT est une mesure phare de la loi Climat et Résilience, promulguée le 24 août 2021. Cette loi vise à accélérer la transition vers un parc immobilier plus économe en énergie et plus respectueux de l'environnement. Le DPE collectif accompagne le PPT afin d'attribuer une note globale au bâtiment concerné et permettre de visualiser plus facilement les évolutions énergétiques envisageables.

Le PPT présente de nombreux avantages pour les copropriétés :

- Amélioration de la performance énergétique des bâtiments : Réduction de la consommation d'énergie, des charges locatives et de l'impact environnemental.
- Valorisation du patrimoine immobilier : Augmentation de la valeur des logements en cas de vente. Accès à des aides financières : Subventions, prêts bonifiés et autres dispositifs d'accompagnement.
- Renforcement de la cohésion sociale au sein de la copropriété : Projet collectif fédérateur et porteur d'améliorations concrètes pour le confort des habitants.

⊖ **Information :** La loi Climat et Résilience met en place un calendrier progressif pour l'établissement du Plan Pluriannuel de Travaux (PPT) dans les copropriétés :

1. **Depuis le 1er janvier 2023 :** Les copropriétés comprenant de plus de 200 lots doivent réaliser le PPT énergétique. Cet audit permet d'évaluer la performance énergétique du bâtiment et d'identifier les actions à entreprendre pour améliorer son efficacité énergétique.

2. À partir de 2024 : Le Plan de Pluriannuel de travaux (PPT) devient obligatoire pour les copropriétés de plus de 51 à 200 lots.

3. À partir de 2025 : Le PPT devient obligatoire pour toutes les copropriétés. Cette mesure vise à étendre le diagnostic au plus grand nombre de copropriétés, afin de garantir la sécurité des habitants et la pérennité des bâtiments.

En se conformant à ces obligations légales, les copropriétés contribuent à la transition énergétique, tout en assurant le bien-être et la sécurité de leurs occupants.

Chapitre II – Les choses à vérifier pendant la visite

C'est vrai, lors d'une visite, il est facile de se laisser emporter par l'aspect extérieur et les premières impressions d'un logement. Cependant, il est crucial de garder à l'esprit que certains aspects moins visibles peuvent avoir un impact significatif sur vos finances et votre confort à long terme. Voici quelques points à vérifier lors de la visite pour confirmer ou infirmer si le bien constitue une bonne affaire :

1. État général du logement : Vérifiez l'état général du logement, y compris les murs, les sols, les plafonds, les fenêtres et les portes. Recherchez les premiers signes visibles de dommages, d'humidité ou de vices cachés qui pourraient nécessiter des réparations coûteuses à l'avenir.

2. Systèmes électriques et de plomberie : Assurez-vous que les installations électriques et de plomberie sont en bon état de fonctionnement. Vous n'avez pas besoin d'être électricien. Vérifiez les prises électriques, les interrupteurs, les robinets, les tuyaux et les radiateurs pour détecter d'éventuels problèmes ou signes de vétusté.

3. Isolation et ventilation : Contrôlez l'isolation thermique et acoustique du logement. Assurez-vous qu'il n'y a pas de ponts thermiques ou de problèmes d'isolation qui pourraient entraîner une surconsommation d'énergie et des factures élevées. Pour l'isolation, est-ce que vous entendez les bruits de pas de vos voisins des appartements voisins des appartements supérieurs ?

4. Voisinage et environnement : Prenez le temps d'observer le voisinage et l'environnement extérieur. Évaluez le niveau de bruit, la proximité des commerces, des transports en commun et des espaces verts. Ces facteurs peuvent influencer la qualité de vie et la valeur du bien immobilier.

5. Documents et historique de la copropriété : Demandez à consulter les documents relatifs à la copropriété, tels que le règlement de copropriété, les PV d'assemblées générales, le carnet d'entretien, les charges courantes et les travaux réalisés ou prévus. Cela vous permettra d'évaluer la santé financière de la copropriété et d'anticiper d'éventuelles dépenses à venir.

6. Évaluation des charges à venir : Comparez les charges de copropriété annoncées avec celles des années précédentes. Assurez-vous que les charges sont raisonnables et compatibles avec votre budget.

En examinant attentivement ces aspects lors de la visite, vous serez en mesure de confirmer si le bien correspond à vos attentes et constitue une bonne affaire sur le long terme. Maintenant, il convient de faire attention à d'autres caractéristiques que nous allons voir en détails ci-dessous avant d'aller jusqu'à la signature du compromis.

1. Existe-t-il des parties communes à jouissance exclusive (privative) ?

Les parties communes à jouissance exclusive (privative) sont une particularité importante à prendre en compte dans une copropriété. Bien que vous puissiez bénéficier exclusivement de certains espaces communs, il est essentiel de comprendre que leur appartenance reste collective et soumise aux règles de la copropriété. Voici quelques points à retenir sur ce sujet :

1. Nature des parties communes à jouissance exclusive (privative) : Ces parties communes sont réservées à l'usage exclusif d'un lot, telles qu'une terrasse, un balcon ou un jardin. Même si elles semblent faire partie intégrante de votre propriété, elles demeurent des biens communs de la copropriété.

2. Droits et obligations : En tant que bénéficiaire de ces parties communes à jouissance exclusive (privative), vous avez le droit de les utiliser conformément à leur usage prévu. Cependant, vous êtes également responsable de leur entretien et de leur maintenance, y compris les frais qui y sont associés.

3. Évolution de la situation : La législation permet généralement des changements concernant l'attribution ou la gestion de ces parties communes. Par exemple, il est possible de demander à bénéficier d'un droit de jouissance exclusif sur une partie commune après l'achat du lot. De plus, la copropriété peut décider en assemblée générale de céder ou de rattacher ces parties communes à un lot spécifique.

> **! Information :** La loi française est quand même bien faite ! Il est impossible de retirer à un copropriétaire la jouissance d'une partie commune exclusive sans son accord. Précisons également qu'il est aussi possible d'acquérir un droit de jouissance privatif et exclusif en copropriété a posteriori de son achat immobilier.

L'appropriation d'une partie commune à jouissance exclusive se fait par décision d'assemblée générale et peut revêtir plusieurs formes que nous allons étudier ci-dessous :

- Une partie commune peut être rattachée nominativement : dans ce cas, c'est le copropriétaire nommé qui peut en profiter et cela, jusqu'à qu'il décide de vendre son lot principal ; la partie commune exclusive redevient un bien de copropriété commun.
- Une partie commune à jouissance exclusive peut être rattachée à un lot : dans ce cas, la partie commune sera rattachée au lot et le restera, même en cas de vente.

> **! Information :** Il est possible de vendre une partie commune au copropriétaire demandeur. Dans ce cas, le copropriétaire devient propriétaire de son lot principal et pourrait très bien vendre l'appartement sans son nouveau jardin fraichement acquis qui constitue à lui seul un nouveau lot complètement indépendant de l'autre.

En conclusion, même si vous n'êtes pas "propriétaire" du lot terrasse, vous paierez des charges sur cette partie commune qui vous est réservée et sur laquelle vous aurez évidemment des droits et des obligations. Vous aurez le droit de vous en servir au gré de vos envies, mais vous devrez aussi entretenir les haies et tailler les arbres du jardin à vos frais. J'ai pris l'exemple de la végétation comme j'aurais pu prendre l'exemple d'un portillon.

Dans le règlement de copropriété, on retrouve souvent une ligne en dessous de celle de votre lot qui spécifie la nature du lot en question. Je vous invite à vérifier l'exactitude du type de lot par deux fois : lors du compromis d'abord et une nouvelle fois le jour de la signature de l'acte authentique, pour éviter les mauvaises surprises.

> **! En résumé :** Bien que vous puissiez jouir exclusivement de certaines parties communes à jouissance exclusive, il est important de garder à l'esprit qu'elles restent un bien collectif soumis aux règles de la copropriété[5]. En comprenant pleinement votre situation et vos responsabilités, vous pourrez éviter les surprises et contribuer au bon fonctionnement de la copropriété.

2. Plus c'est grand, plus c'est haut, plus c'est cher

En effet, plusieurs facteurs influent sur le montant des charges en copropriété, et la taille ainsi que la position de votre appartement sont parmi les principaux déterminants. Voici quelques points importants à considérer à cet égard :

1. Superficie de l'appartement : Le montant des charges est généralement calculé en fonction de la superficie de votre appartement, mesurée en mètres carrés. Plus votre appartement est grand, plus votre quote-part dans les charges de copropriété sera élevée.

---

[5] https://www.service-public.fr/particuliers/vosdroits/F31518

2. Étage de l'appartement : La position de votre appartement dans l'immeuble peut également influencer le montant des charges. En règle générale, les appartements situés aux étages supérieurs, notamment les derniers étages, peuvent avoir des charges plus élevées. Cela s'explique par le fait que l'utilisation des équipements communs tels que l'ascenseur ou l'éclairage des parties communes peut entraîner des coûts supplémentaires pour les résidents des étages supérieurs.

3. Prise en compte des équipements : Certains équipements tels que les ascenseurs peuvent entraîner des charges supplémentaires pour les résidents des étages les plus élevés. Le coefficient d'élévation est appliqué pour tenir compte de ces facteurs, ce qui peut se traduire par des charges plus élevées pour les appartements situés aux derniers étages.

4. Autres considérations : D'autres éléments, tels que la présence d'un concierge, d'un gardien ou d'autres services, peuvent également influencer le montant des charges. De plus, les décisions prises lors des assemblées générales, telles que l'installation de nouveaux équipements ou la réalisation de travaux, peuvent avoir un impact sur le montant des charges pour l'ensemble des copropriétaires.

En résumé, la taille et la position de votre appartement, ainsi que la présence d'équipements et de services spécifiques dans l'immeuble, sont des éléments importants à prendre en compte pour comprendre et anticiper le montant des charges de copropriété.

3.Les compteurs d'eau et d'électricité

Il est crucial de vérifier la configuration des compteurs d'eau et d'électricité lors de l'achat d'un bien en copropriété, car cela peut avoir un impact significatif sur vos dépenses et votre confort. Voici quelques points à considérer à cet égard :

1. Compteurs individuels : Selon la législation française, chaque logement en copropriété doit être équipé de compteurs individuels pour l'électricité. Cela garantit que chaque résident paie uniquement sa propre consommation d'électricité et évite de partager les coûts avec d'autres copropriétaires. Si vous constatez qu'il n'y a pas de compteurs individuels et que l'électricité est partagée entre les résidents, il est essentiel de se renseigner sur les démarches nécessaires pour mettre en conformité cette installation.

2. Compteurs divisionnaires : Dans certains cas, il peut y avoir des compteurs divisionnaires pour l'électricité, notamment pour les parties communes ou pour des usages spécifiques tels que l'éclairage des couloirs. Ces compteurs permettent de mesurer la consommation collective et de répartir les coûts entre les copropriétaires en fonction de leur utilisation.

3. Compteurs d'eau : De manière similaire, il est important de vérifier la configuration des compteurs d'eau. Idéalement, chaque appartement devrait être équipé d'un compteur d'eau individuel, ce qui permet de mesurer précisément la consommation de chaque résident. Si ce n'est pas le cas, il peut y avoir des compteurs d'eau généraux pour l'ensemble de la copropriété, avec des compteurs divisionnaires pour chaque logement. Cette configuration permet également de facturer aux résidents leur consommation d'eau réelle.

> ❗ **En résumé**, la présence de compteurs individuels pour l'électricité et l'eau dans chaque logement est un aspect important à prendre en compte lors de l'achat d'un bien en copropriété. Cela garantit une gestion équitable des dépenses et évite les situations où les résidents se retrouvent à payer pour la consommation des autres.

Il est important de comprendre les implications des différents types de compteurs d'électricité et d'eau dans une copropriété. Voici quelques points clés à retenir :

1. Compteurs individuels : La loi sur la transition énergétique en France impose la présence de compteurs d'électricité individuels pour chaque logement en copropriété. Cela garantit que chaque résident est responsable de sa propre consommation et évite les situations où les autres copropriétaires doivent payer pour les dépenses d'un seul résident. Il est également possible d'avoir des compteurs divisionnaires pour des usages spécifiques, tels que l'éclairage des parties communes.

2. Compteurs d'eau individuels : Bien que la législation n'impose pas la présence de compteurs d'eau individuels, ils sont fortement recommandés. Les compteurs d'eau individuels permettent de facturer la consommation réelle à chaque résident, évitant ainsi les situations où certains résidents consomment plus que d'autres sans en assumer les coûts.

3. Avantages des compteurs individuels : Les compteurs individuels offrent plusieurs avantages, notamment une répartition équitable des coûts entre les résidents et une meilleure maîtrise de la consommation. De plus, en cas de litige avec un locataire peu scrupuleux, les compteurs individuels permettent au propriétaire de ne pas être tenu responsable des dépenses excessives résultant de la mauvaise utilisation par le locataire.

A titre d'information, je n'ai jamais eu l'occasion de voir un compteur d'électricité "classique" commun à l'ensemble des appartements d'un immeuble. Certains de mes confrères m'ont dit avoir vu ce genre d'installation dans des vieilles maisons de villages divisées en appartements. Un seul compteur électrique individuel, pour tous les copropriétaires, est une folie ! De plus, cette installation non adaptée est dangereuse et interdite.

Si vous constatez ce type d'installation, cela signifie que tous les copropriétaires paient la consommation électrique conjointement et indépendamment de leur consommation personnelle. Pour pousser cet exemple à son paroxysme, si une personne de l'immeuble décide de partir au travail en laissant la lumière de son logement allumée toute la journée, vous paierez pour lui. Si vous rencontrez ce genre de configuration, je vous invite à vous renseigner rapidement sur la mise en conformité possible et le coût.

> **⚠ Information :** Privilégiez un appartement ou une maison avec des compteurs d'eau et d'électricité individuels est recommandé, même si cela peut entraîner un coût initial légèrement plus élevé. Cela garantit une gestion plus transparente des dépenses et évite les conflits potentiels liés à la consommation d'eau et d'électricité dans une copropriété. En France, depuis la loi sur la transition énergétique[6], il est interdit de ne pas avoir de compteur d'électricité individuel pour votre bien.

4.Le chauffage commun et l'eau chaude commune

En copropriété, il arrive que vous ayez des compteurs d'eau chaude individuels. Le fonctionnement est simple : il y a une chaudière principale au rez-de-chaussée qui génère l'eau chaude et le chauffage pour l'ensemble de la copropriété. Il est très rare que ces deux installations ne soient pas liées. L'eau chaude ne va pas sans le chauffage, puisqu'il s'agit du même appareil. L'eau chaude générée de cette manière coûte très cher et les prix fluctuent

---

[6] Dans le cadre de la loi sur la transition énergétique, les **compteurs d'électricité individuels sont obligatoires** dans tous les logements depuis début 2017 (et avant le 31 décembre 2019 si le logement dispose d'un chauffage collectif).

beaucoup en fonction du coût des matières premières. Le type de contrat souscrit par la copropriété pour l'entretien de la chaudière influe également beaucoup sur les montants que vous paierez. Il y a aussi le coût des pièces – exorbitants – de la chaudière qui tombe en panne et qu'il vous faudra assumer quasiment chaque année.

Un conseil que je peux vous donner : si vous supprimez les installations d'origine pour un ballon d'eau chaude et des radiateurs électriques, vous restez redevable des charges liées à l'entretien de la chaudière. Vous ne paierez plus votre consommation, mais les avantages liés à la suppression du système sont trop faibles, à mon sens. Si d'autres copropriétaires sont du même avis que vous, proposez collectivement la suppression de la chaudière collective en AG pour faire de vraies économies.

5.Les voisins, bonne ou mauvaise pioche

On ne choisit pas sa famille, mais on peut choisir ses voisins. En moyenne, une personne reste propriétaire cinq à sept ans d'un même bien. Pour vérifier si vos futurs voisins correspondent à vos attentes, je vous invite à passer autant de fois que nécessaire dans la copropriété avant de signer l'acte authentique. Durant vos passages, n'hésitez pas à demander à tous les individus que vous croiserez dans la résidence si des problèmes existent avec les personnes de votre palier ou dans votre immeuble et même dans la rue.

Les humains étant parfois trop prévisibles, je vous ai répertorié la liste des éléments qui m'alarment personnellement :

- Odeur de cigarette ou de substances illicites très prononcée dans le couloir ;

- Sacs poubelle laissés dans le couloir devant la porte de votre futur voisin ;

- Porte d'entrée abîmée ou cassée ;

- Traces diverses autour de sa porte ;

- Musique trop forte à chaque visite ;

- Étiquettes de boîtes aux lettres ou boîtes aux lettres abîmées.

Je vous encourage à demander le numéro de téléphone d'un membre du conseil syndical afin d'avoir une idée globale de la copropriété et des travaux en perspective. Généralement, les membres du conseil syndical ne sont pas tendres avec le syndic, mais ils ne le sont pas non plus avec les éléments perturbateurs qui troublent la quiétude de la copropriété. En bonus, vous pourriez peut-être apprendre qu'à la prochaine assemblée générale, le CS va mettre le ravalement de façade à l'ordre du jour.

6. Le conseil syndical, allié ou ennemi de vos projets

Le conseil syndical est un groupe de trois à dix personnes, chargé normalement de veiller à la bonne tenue de l'immeuble. Ses missions sont variées : il informe le syndic des réparations nécessaires et des divers problèmes rencontrés dans la copropriété. Le conseil syndical assiste également le syndic dans ses tâches de gestion. Une fois par an, il se joint au représentant du syndic pour vérifier les comptes financiers de la copropriété et établir un ordre du jour pour l'assemblée générale, en concertation avec le gestionnaire. Les membres du CS sont souvent très impliqués dans la vie de la copropriété et ils influencent grandement les décisions de l'assemblée générale en prenant la parole et en défendant leurs opinions.

Imaginons que vous souhaitiez acheter une partie commune de la copropriété. Vous devrez, dans un premier temps, prendre contact avec le conseil syndical afin de les convaincre que votre projet est viable, pour qu'ils se joignent à vous lors de la prochaine assemblée générale et qu'ils défendent vos intérêts. Vous pouvez leur expliquer que l'achat apportera des fonds à la copropriété et contribuera à réduire les charges communes. Dans un cas comme celui-ci, il est probable que vous receviez le soutien du conseil syndical.

Vous pourriez aussi proposer votre projet à l'ordre du jour sans consulter le CS et donc, sans leur appui. Cependant, la tâche risque d'être beaucoup plus difficile, car ils pourraient influencer les autres copropriétaires afin de voter contre vous.

Idéalement, essayez d'établir un contact avec eux avant d'acheter. Ils sont le principal moteur des dépenses futures de la copropriété, car ce sont eux qui proposent la majorité des travaux. Un conseil syndical trop actif pourrait entraîner des dépenses importantes pour l'immeuble chaque année : éclairage, ravalement de façade, réfection des garde-corps, remplacement du portail principal, etc.

Même si c'est interdit, certains conseils syndicaux ont la mauvaise habitude d'inciter le syndic à appliquer des dépenses exceptionnelles comme une forme de punition à l'encontre de certains copropriétaires qui ne respectent pas le règlement intérieur.

> ⚠️ **Information :** Il n'est pas possible d'imposer à un copropriétaire une dépense exceptionnelle, comme la taille de son arbre privatif, sans son accord préalable par écrit. Je vous invite à lire l'article référencé en note de bas de page[7] pour connaître les charges qui peuvent légalement vous être imposées

7.Anticiper les travaux de l'immeuble à moyen et long terme

La vie en copropriété nécessite une vision globale de l'état de santé de l'immeuble sur une période d'environ trois ans. Pour ce faire, vous devez utiliser les bons outils mis à votre disposition. La loi vous permet et vous encourage vivement à prendre connaissance des trois derniers procès-verbaux d'assemblées générales. Ces documents regroupent les travaux et les décisions votées pour les années passées et à venir.

Toutes les assemblées générales suivent généralement une structure similaire, bien que le nombre de résolutions puisse varier en fonction des

---

[7]Loi n°65-557, art 10-1 |
https://www.legifrance.gouv.fr/loda/article_lc/LEGIARTI000039313543/2022-11-21

sujets à voter. Voici un aperçu des résolutions habituelles :

- **Résolutions 4 à 7 :** Elles concernent généralement la santé financière de la copropriété. Vous y trouverez des informations sur le respect du budget de l'année précédente, les éventuelles recommandations du syndic pour une augmentation du budget à venir, ainsi que l'approbation de la gestion par le syndic. Vous pourrez également vérifier si le syndic a été soumis à une mise en concurrence.

- **Résolutions 7 à 12** : Elles portent sur d'éventuelles poursuites judiciaires à l'encontre des débiteurs.

- **Résolutions 12 à la fin :** Elles concernent les travaux prévus et leurs dates d'appel, ainsi que les demandes spécifiques des copropriétaires et d'autres résolutions de moindre importance.

Prenez le temps de lire attentivement les trois derniers procès-verbaux d'assemblée générale, car les gros travaux, tels que le ravalement de façade, sont généralement votés sur plusieurs années. Soyez également attentif à toutes les résolutions concernant la réalisation d'une mission de maîtrise d'œuvre, car elles préfigurent souvent d'importants travaux d'ascenseurs, de façades ou de réseaux.

En outre, prenez du recul physiquement par rapport à votre futur bien pour observer l'ensemble du bâtiment. Cette approche détaillée vous permettra d'anticiper plus efficacement les futurs travaux en évaluant l'état de la façade, des parties communes et des parkings.

Chapitre III – Dernière étape : les vérifications cruciales lors de la signature de l'acte

Information : Avant de vous rendre chez le notaire pour la signature de l'acte authentique, une dernière visite du bien s'impose. Assurez-vous de vérifier s'il y a un problème majeur et que la liste des meubles devant rester est toujours exacte. Profitez également de l'occasion pour faire le relevé des compteurs. Idéalement, effectuez cette visite quelques heures seulement avant la signature de l'acte, afin de minimiser les imprévus.

Dans cette phase, une vigilance accrue est de mise. Dans l'euphorie de l'achat, il est facile de laisser passer certains détails. Bien que le notaire vérifie généralement ces points avec vous en lisant à haute voix le projet d'acte, je vous recommande de prêter une attention particulière aux éléments suivants :

1.Vérification des numéros de lots : Il peut arriver qu'une erreur se glisse dans la numérotation des lots. Comparez attentivement les numéros inscrits sur les premières pages dans la rubrique "désignation du bien" avec ceux du descriptif de copropriété normalement annexé à l'acte. Parfois, des promesses non documentées, comme une place de parking, peuvent être faites par l'agent immobilier. Assurez-vous que ces éléments figurent bien dans l'acte.

2.Vérification des surfaces et des servitudes : Lorsque le notaire lira la description du bien, il annoncera une surface habitable précise pour chaque lot. Assurez-vous qu'elles correspondent à ce qui a été annoncé par l'agence et confirmé par le diagnostiqueur. Si l'écart est important, demandez des explications avant de signer, il se peut que l'agence vous ai induit en erreur avec des plafonds mansardés ou des hauteurs sous plafonds qui ne sont pas aux normes.

3.Le décompte final : Vérifiez attentivement le montant total du décompte final, surtout si vous avez souscrit un prêt immobilier. Vous devriez normalement récupérer une partie de l'argent avancé, car la banque finance certains frais liés à la rédaction de l'acte. Veillez à bien comprendre les détails financiers de la transaction.

Il est crucial de déposer la somme la plus petite possible en acompte lors de la signature du compromis. Pour la provision sur frais d'acte, elle est généralement fixée à 300 €. Quant à l'acompte, aucun montant légalement fixé n'existe, mais il est recommandé de ne pas verser plus que nécessaire.

4.La double minute : C'est lorsque deux notaires interviennent dans une même vente. Habituellement, l'acheteur et le vendeur font appel à un seul notaire pour finaliser la transaction. Pour ma part, je vous conseille toujours d'avoir votre propre notaire pour vous représenter. De son côté, la partie adverse peut également choisir son notaire pour la représenter ou bien décider de prendre le même que vous. Cette option n'engendre pas de coûts supplémentaires. En revanche, elle garantit que vos intérêts seront défendus par un professionnel dévoué à vos intérêts. De plus, chaque notaire aura tendance à vérifier le travail de son homologue, offrant ainsi une double assurance contre les erreurs éventuelles dans l'acte. Si vous avez l'habitude de fréquenter les offices notariaux, vous aurez sûrement remarqué que certains sont plus rapides que d'autres. Travailler avec un notaire de votre choix, avec qui vous avez l'habitude de collaborer, peut accélérer le processus si nécessaire. En somme, la double minute peut vous offrir une protection supplémentaire et faciliter le déroulement de la vente.

> **! Rappelez-vous** : Près d'une vente sur deux n'aboutit pas. Soyez vigilant du début jusqu'à la fin de votre expérience. Soyez prêt à faire marche arrière si nécessaire. Un crédit vous engage sur 25 ans. La moindre erreur peut vous coûter chère. Même les meilleurs font des erreurs ou renoncent à certaines affaires. Personnellement, j'ai eu la mauvaise expérience d'un compromis signé pour un studio avec jardin, qui s'est révélé être un garage transformé en appartement. Heureusement pour moi, j'ai été extrêmement vigilant sur la relecture du compromis et les PV d'AG. Je n'avais versé que 500€ d'acompte mais il m'a fallu presque deux mois pour récupérer mon argent, alors que le délai légal est de 21 jours. Imaginez si j'avais versé 10.000€ comme l'exigé le notaire du vendeur...

Votre vigilance peut vous éviter bien des problèmes à long terme.

PARTIE III
Connaître les règles pour bien vivre et optimiser votre nouvel appartement

Bienvenue dans votre nouvel appartement ! Vous avez probablement déjà fait la connaissance de vos voisins lors de votre déménagement. Entre ceux qui sont toujours à l'affût de ce qui se passe et ceux qui trouvent toujours quelque chose à redire, vous allez devoir jongler avec les différentes personnalités des autres copropriétaires pour vous intégrer. Dans cette nouvelle section du livre, vous allez découvrir les règles essentielles à respecter en copropriété. En assimilant ces règles, vous serez mieux préparé et vous pourrez ainsi optimiser votre nouvel appartement, contribuer à la préservation et à l'amélioration de votre bien. Ne négligez pas cette partie du livre.

Chapitre I – Les assemblées générales, un levier puissant pour accéder à vos demandes

L'assemblée générale a lieu une fois par an. Le principe est simple : vous prenez une chaise et vous votez à main levée à chaque fois qu'on vous le demande. Voyez l'assemblée générale comme une fête des voisins. Tout le monde se retrouve pour partager un bon moment ou pour régler ses comptes. Généralement, une Assemblée Générale dure entre deux et cinq heures s'il y a beaucoup de problèmes à traiter. C'est le moment où certains copropriétaires en profitent pour poser des questions complexes qui la plupart du temps, ne concerne qu'eux. D'autres copropriétaires éprouvent une satisfaction immense à pointer une erreur de 3 euros sur un budget de 100 000 euros juste pour le plaisir de coincer le syndic.

1.Pourquoi faire une assemblée générale chaque année ?

L'objectif premier d'une assemblée est de rendre compte de la gestion de l'immeuble par le syndic et par le conseil syndical. La date de l'assemblée est fixée par le syndic ou par décision d'assemblée générale de l'année précédente. Une AG se déroule quasiment toujours de la même façon ; les résolutions se déroulent dans le même ordre chaque année. Vous pouvez vous référer à l'ordre donné dans la partie précédente pour avoir une idée du schéma.

C'est pendant l'assemblée générale que les comptes financiers de la copropriété sont approuvés pour l'année écoulée. Une résolution approuve les comptes de l'exercice et déclare si la copropriété présente un solde créditeur ou débiteur. Si la copropriété est débitrice, de l'argent supplémentaire pourra être appelé aux copropriétaires en plus du prochain appel de fonds afin de combler la dette générale. Dans le cas contraire, de l'argent sera rendu ou déduit du prochain appel de fonds. L'assemblée générale vote ensuite le budget prévisionnel pour l'année N+1. Le jour de l'assemblée, vous saurez combien vous coûtera la copropriété pour l'année à venir.

> **! Information importante** : Dans le cas où les comptes ne sont pas approuvés, le syndic ne peut pas agir en recouvrement des dettes sur les copropriétaires défaillants puisque les comptes ne sont pas reconnus comme exacts.

Viennent ensuite toutes les résolutions de type travaux. Elles sont proposées à l'initiative du syndic, du conseil syndical ou des copropriétaires. Chaque résolution est accompagnée d'au moins un devis d'entreprise afin d'avoir une idée du coût. L'assemblée vote pour l'entreprise qui réalisera les travaux. Depuis la loi Élan[8], le conseil syndical peut bénéficier d'un budget défini en AG pour choisir l'entreprise qui réalisera les travaux, dans le cas où aucune entreprise ne serait retenue pendant l'assemblée générale.

2.Comment participer en optimisant son temps et son énergie ?

Dans la plupart des AG, quelques copropriétaires viennent pour régler leurs comptes ou exprimer vivement ce qui ne va pas au syndic. Une assemblée générale qui pourrait se terminer en deux heures dure alors quatre, voire six heures…Vous allez perdre du temps si tout se passe bien, mais vous perdrez encore plus de temps si tout se passe mal à

---

[8] Loi n° 2018-1021 du 23 novembre 2018 portant évolution du logement, de l'aménagement et du numérique   NOR : TERL1805474L

cause de quelques personnes en manque de reconnaissance.

Pendant très longtemps, en cas d'absence, vous n'aviez pas d'autre choix que de laisser "pouvoir" à quelqu'un. Cela signifie que vous donnez la possibilité à quelqu'un de vous représenter et de voter ce que bon lui semble en votre nom. Lorsqu'on parle d'argent et d'appels de fonds, je vous déconseille de donner pouvoir à votre voisin ou à un ami. Les gens qui détiennent des pouvoirs se pensent parfois plus puissants que les autres et se gargarisent en prenant les décisions sans penser réellement au bien-être de la copropriété et aux conséquences. Un copropriétaire habitant n'aura pas les mêmes besoins qu'un copropriétaire faisant de la location.

La loi Élan a bien compris que les nouvelles générations n'ont pas de temps à perdre dans de longues réunions fastidieuses. Un bulletin de vote par correspondance est joint à chaque convocation. Vous pouvez ainsi faire vos choix à distance, en lisant scrupuleusement chaque résolution. Vous votez sur le bulletin joint à la convocation que vous renvoyez par e-mail ou par courrier. Vous gagnez donc du temps et de l'énergie et le résultat sera le même. Vos choix seront enregistrés conformément à votre volonté par le syndic avant l'assemblée générale. Il est important de préciser que vous serez considéré comme présent.

3.Voter intelligemment en assemblée générale

La copropriété est comme une petite ville qui doit être gérée pour perdurer dans le temps. Au même titre qu'un maire et son conseil communal, la copropriété fait l'objet de décisions qui affectent économiquement et politiquement les copropriétaires, parfois sur plusieurs années. Vous avez donc le droit et le devoir de soutenir ou de vous opposer à des décisions qui ne vous plaisent pas ou que vous pensez contraire à la bonne tenue de la copropriété. Le principe est simple : à chaque résolution, une réponse binaire doit être rendue par les copropriétaires présents ou représentés. En théorie, c'est plutôt facile, mais dans la réalité, c'est bien plus compliqué de prendre des décisions.

Cependant, plusieurs choix s'offrent à vous et nous allons les voir en détail :

- Voter "pour" signifie que vous êtes d'accord avec la solution proposée et, logiquement, pour tout ou partie des sous-résolutions.
- Voter "contre" signifie que vous êtes en complète opposition avec la solution proposée.

- Voter "abstention" revient à voter "blanc" ; vous n'êtes donc ni pour ni contre.
- Ne pas voter revient à être inscrit dans le PV comme "non exprimé" ; vous ne participez donc pas au vote.

La copropriété est un jeu politique dans lequel il faut parfois chercher à être malin. Si vous souhaitez faire adopter une résolution, il vous faudra partir en quête de votants qui vous soutiendront. À l'heure où j'écris ce livre, la loi vous permet de représenter à vous seul jusqu'à 10 % de la copropriété. Rendez-vous compte qu'à vous seul, vous pourriez représenter 10 copropriétaires sur 100 et faire ainsi basculer toutes les décisions.

4.Travaux et clés de répartition : comment ça marche?

Imaginons une copropriété composée de plusieurs bâtiments, nommés A, B, C, D. Dans cette copropriété fictive, ajoutons un portail, un parking commun et une clôture, qui délimite la copropriété. Dans cette copropriété, il y a des copropriétaires d'appartements et de places de parkings et d'autres copropriétaires, qui détiennent seulement une place de parking.

Exemple 1 : imaginons qu'en assemblée générale, les habitants du bâtiment A demandent l'installation d'une ouverture avec badge pour le bâtiment. Les habitants du bâtiment A seront les seuls à voter "pour", "contre" ou "abstention" pour l'installation d'un système d'ouverture sécurisée. En toute logique, c'est aussi ce seul bâtiment qui supportera le coût de l'installation puisqu'il sera le seul à en profiter.

Exemple 2 : imaginons que l'assemblée générale doive se positionner sur la réfection des bandes blanches du parking. Tous les copropriétaires détenant une place de parking voteront. Un copropriétaire qui n'a pas de place de parking ne votera pas et ne paiera pas pour le traçage des bandes. Jusqu'ici, tout semble logique.

Exemple 3 : à présent, imaginons que la copropriété doive voter pour la peinture de la clôture entourant la copropriété. Tous les copropriétaires voteront, qu'ils soient détenteurs d'un parking, d'un appartement ou d'un cellier. La clôture est un élément de structure qui participe à la sécurité de l'immeuble dans son ensemble.

ℹ Information : En principe, lorsqu'un copropriétaire peut jouir d'un élément de copropriété, il devra participer aux frais. Habituellement, on définit cette utilité et sa participation par le terme "critère d'utilité". Vous

> entendrez souvent le syndic ou le conseil syndical prononcer ce terme à toutes les sauces pour faire payer des copropriétaires sur des éléments structurels.

Heureusement pour vous, le règlement de copropriété définit explicitement les modalités de participation aux charges pour la majorité des éléments. Encore une fois, je vous invite à vraiment prendre le temps de lire votre règlement de copropriété. Pour les éléments non définis par le règlement de copropriété, il vous faudra appliquer le fameux critère "d'utilité".

Les clés de répartition sont la traduction juridique des informations communiquées plus haut. Les clés de répartition sont organisées par le descriptif de copropriété qui détermine, dès la conception du bâtiment, comment se répartissent les dépenses dans l'immeuble. Les clés de répartition peuvent être modifiées par l'assemblée générale à l'initiative de l'ensemble de la copropriété, dans le cas de création de parties communes ou lorsque des copropriétaires décideront de fermer leur loggia pour en faire des parties habitables.

5. Le pouvoir des majorités

En copropriété, il existe trois types de majorités différentes. Les majorités servent à voter les décisions d'assemblée générale en fonction de leur importance. À chaque type de résolution s'applique une majorité différente. En d'autres termes, les majorités servent à catégoriser l'importance et l'impact des résolutions et leurs conséquences sur la copropriété.

Exemple 1 : le changement du système d'éclairage se vote à une majorité plus simple que la majorité nécessaire pour la création d'un garage à vélos.

Exemple 2 : la vente de la loge se vote à une majorité plus importante, car elle implique des transformations considérables matérielles et économiques pour la copropriété.

Voyons en détail les majorités applicables en copropriété et le type de résolutions auxquelles elles sont rattachées. Cette partie est un peu fastidieuse, je vous l'accorde, mais cela a beaucoup d'importance. Elle conditionne la faisabilité de vos futures demandes et des travaux. Ces connaissances vous permettront de savoir si la bonne majorité a été appliquée à une résolution.

La majorité simple (dite *majorité de l'article 24*) : elle correspond à la majorité des voix exprimées des copropriétaires présents ou représentés lors de l'assemblée générale, ainsi que ceux ayant voté par correspondance. Les abstentionnistes ne sont donc pas pris en compte dans le résultat.

La majorité simple de **l'article 24** concerne les décisions relevant de la gestion courante de la copropriété. Ainsi, comme cette majorité est la plus simple à obtenir, elle permet de ne pas bloquer la prise de décisions à cause de l'absentéisme, souvent élevé, en assemblée générale.

On peut citer comme exemple les travaux nécessaires et courants, les travaux d'accessibilité, les bornes électriques pour voiture.

La majorité absolue (dite *majorité de l'article 25*) : elle correspond à la majorité des voix de tous les copropriétaires de l'immeuble (présents, représentés et absents.

Si la décision a reçu au moins ⅓ des voix, elle peut faire l'objet d'un second vote à la majorité simple de l'article 24 (majorité des voix des copropriétaires présents, représentés ou ayant voté par correspondance).

Une majorité absolue étant assez compliquée à obtenir, une clause a été ajoutée dans la loi de 1965 par la réforme de la loi Élan. Dans le cas où une résolution recueille plus d'un tiers des votes favorables, elle peut être de nouveau soumise au vote dans la même assemblée générale, cette fois-ci en majorité simple. Dans ce cas, les abstentions ne sont pas prises en compte et il est plus facile d'adopter la résolution.

Voici une liste non exhaustive des résolutions qui s'adoptent à la majorité absolue :

- La désignation d'un syndic de copropriété ;
- La révocation du syndic de copropriété ;
- Les travaux d'amélioration, de transformation ou d'addition : ce sont les travaux qui ne sont pas nécessaires à la bonne tenue de l'immeuble, mais qui apportent néanmoins un confort supplémentaire. Ce type de travaux permet également d'apporter de la plus-value aux logements qui font partie de la copropriété. Le remplacement d'un chauffage collectif est, par exemple, considéré comme une amélioration ;
- Les travaux d'économie d'énergie ;
- L'élection du conseil syndical ;
- La révocation du conseil syndical ;
- L'autorisation de travaux affectant les parties communes : c'est le cas par exemple de

l'agrandissement d'une fenêtre dans un appartement;
- L'installation d'un interphone ou d'un digicode.

La double majorité (dite *majorité de l'article 26*) : elle correspond à la majorité des copropriétaires de l'immeuble représentant au moins les 2/3 des voix des copropriétaires

Exemple: dans une copropriété de dix copropriétaires (représentant au total 1000 millièmes), une décision est adoptée si six copropriétaires détenant 700 millièmes votent favorablement, soit plus des 2/3 de tous les tantièmes. Ces tantièmes sont le nombre de voix déterminé en assemblée générale pour chaque lot de copropriété (2/3 de 1000 = 667) nécessaires pour valider cette décision.

Si cette majorité est difficile à obtenir, il est possible de faire un second vote à une majorité plus simple. C'est ce que l'on appelle la double majorité. Pour que ce second vote soit possible, il faut que la résolution recueille l'approbation de la moitié des copropriétaires représentant au moins ⅓ des voix de tous les copropriétaires. La même assemblée pourra alors voter la résolution à la majorité des voix de tous les copropriétaires, c'est-à-dire à la majorité dite de l'article 25 (plus facile à obtenir).

> **! Information :** l'association syndicale libre (ASL) n'est pas soumise à la loi du 10 juillet 1965. Pour connaître les majorités à appliquer, il convient de se référer aux statuts de l'ASL

6. S'opposer à une décision d'assemblée générale portant sur des travaux

Imaginons que l'assemblée générale décide de la réalisation du ravalement de façade de l'immeuble. Dans notre exemple, vous avez voté contre cette décision, au motif que la façade ne nécessite pas d'être rénovée dans un futur proche et que, financièrement, vous n'êtes pas très à l'aise. Continuons d'imaginer que, malheureusement, la décision est adoptée malgré votre opposition. Vous pensez alors que vous êtes obligé de payer les charges aux échéances prévues dans la résolution.

> **! Information :** Heureusement pour vous, un système méconnu a été mis en place par l'article 33 de la loi de 1965, nommé : le principe des dix annuités[9]. Ce système existe et permet de vous

---

[9] https://www.clcv.org/coproprietaires/le-paiement-echelonne-des-travaux-dans-une-copropriete

octroyer un crédit par la copropriété. Si vous avez marqué votre opposition à par un vote "contre", vous pourrez alors faire valoir ce principe de crédit copropriété. Le principe est simple : Vous obligez la copropriété à vous financer le montant de votre quote-part des travaux votés sur dix années.

7. L'évolution de la loi et des décrets

Toutes les informations ci-dessus sont données à titre indicatif afin que vous puissiez apprécier au plus juste l'importance d'une résolution et ses conséquences. Cependant, gardez à l'esprit que les lois évoluent et se modifient au fil des évolutions de la société. Beaucoup de nouvelles lois concernant l'amélioration énergétique des bâtiments arriveront prochainement. Je vous invite à prendre connaissance régulièrement des évolutions de la loi sur Légifrance ou sur des sites de qualité supérieure et dont les informations sont vérifiées.

8. Pourquoi faire une assemblée générale extraordinaire ?

L'AG extraordinaire est essentielle pour prendre des décisions majeures qui vont au-delà des tâches de gestion courantes. Elle est convoquée pour des sujets qui nécessitent une approbation unanime des copropriétaires ou pour des urgences ne pouvant pas attendre la prochaine AG ordinaire. Par exemple, si des travaux de rénovation ou de réparation sont nécessaires en raison de dommages structuraux, ou si des changements doivent être apportés au règlement de copropriété, une AG extraordinaire est convoquée pour discuter et voter sur ces questions.

C'est lors des AG extraordinaires que les copropriétaires ont l'opportunité de participer activement à la prise de décisions importantes concernant la gestion et l'entretien de l'immeuble. Chaque résolution votée lors de ces réunions engage l'ensemble des copropriétaires, et il est donc crucial d'y assister ou de donner procuration à un tiers pour voter en votre nom si vous ne pouvez pas être présent.

Chapitre II – Les problèmes les plus courants en copropriété

Ce chapitre est une ressource précieuse car il offre des solutions aux problèmes les plus courants en copropriété. En tant que copropriétaire, il est essentiel de connaître ces situations et les moyens de les résoudre pour maintenir un environnement harmonieux pour vous ou vos locataires. Si vous avez des questions spécifiques sur des problèmes de copropriété, n'hésitez pas à les poser pour obtenir des conseils adaptés.

1. Les charges impayées

    Les impayés sont malheureusement un problème fréquent en copropriété. Si vous vous retrouvez dans une situation difficile où le paiement des charges n'est pas votre priorité, sachez que le syndic peut vous aider en échelonnant vos charges dans le temps. Il est important de ne pas rester silencieux dans une telle situation et de maintenir le dialogue avec le syndic.

    Pour comprendre le processus de recouvrement des charges impayées, voici les étapes généralement suivies :

    Étape 1 : Réception de l'appel de fonds. Vous avez environ 15 jours pour payer vos charges après réception de l'appel de fonds initial. Si vous ne payez pas dans ce délai, le syndic vous envoie une première relance, généralement sans frais supplémentaires.

    Étape 2 : Réception d'une lettre recommandée de relance. Vous disposez à nouveau d'environ 15 jours pour payer vos charges après réception de cette lettre.

Étape 3 : Mise en demeure. Si vous ne répondez toujours pas, vous recevrez une mise en demeure, généralement accompagnée de frais supplémentaires.

Étape 4 : Recours à un avocat. Si vous ne payez pas après la mise en demeure, le syndic peut confier votre dossier à un avocat pour entamer des procédures de recouvrement de créances. Le syndic inscrit à l'ordre du jour de la prochaine assemblée Générale la créance douteuse vous concernant.

Étape 5 : Conciliation. Avant qu'un jugement soit rendu, le juge peut vous convoquer à une conciliation pour essayer de trouver un accord à l'amiable.

Étape 6 : Jugement. Si aucun accord n'est trouvé, un jugement peut être rendu à votre encontre, vous condamnant à payer vos dettes ainsi que les frais de justice.

Étape 7 : Mise à la vente de votre bien. Si vous ne réglez toujours pas vos dettes, l'assemblée générale peut décider de mettre en vente votre bien pour récupérer les sommes dues.

Il est essentiel de prendre au sérieux les relances du syndic et de chercher des solutions pour régler vos dettes afin d'éviter des conséquences plus graves, telles que la mise en vente de votre bien.

❗ Information : vous avez oublié de payer vos charges de copropriété. Votre syndic vous a adressé une relance par lettre simple et vous a facturé cette démarche. Sachez que vous pouvez contester ces frais, conformément à l'article 10-1 de la loi du 10 juillet 1965.

En effet, selon ce texte, sont imputables au seul copropriétaire concerné les frais nécessaires exposés par le syndicat, notamment les frais de mise en demeure, de relance et de prise d'hypothèque, à compter de la mise en demeure, pour le recouvrement d'une créance justifiée à l'encontre d'un copropriétaire[10].

En conséquence, ne peuvent vous être imputés les frais de relance engagés avant la mise en demeure.

❗ Attention : La loi Élan est venue amender l'article 19-2, qui instaure désormais la faculté d'exiger l'intégralité des sommes votées ainsi que les provisions travaux au copropriétaire défaillant. Cela signifie que si vous ne payez pas votre appel de charges, le syndic pourrait déclencher la procédure

---

[10] C.A Paris, 03/05/2077, n°06/08323

et exiger de votre part l'entièreté des sommes de vos appels pour l'année entière. Je vous rappel qu'il existe aussi la saisie conservatoire sans jugement. Je vous conseil vivement de payer vos charges de copropriétés et d'éviter tous ces problèmes.

2. Les dégâts des eaux en copropriété

Dans votre longue vie de copropriétaire, vous allez probablement être confronté à des problèmes de fuites d'eau. La plupart des fuites trouvent leur origine dans les salles de bains, les joints des bacs à douches étant la cause la plus fréquente. Une simple cartouche de silicone et un bon doigté suffisent pourtant dans la majorité des cas à régler le problème. C'est embêtant lorsque la fuite vient de chez votre voisin, mais si vous êtes à l'origine de la fuite, la situation est toutefois délicate.

Dans de rares cas, vous pouvez être à l'origine d'une infiltration en cascade, touchant quatre ou cinq appartements à la verticale, en dessous du vôtre. Pour vous prémunir contre ces risques, je vais évoquer avec vous un des cas de figure les plus fréquents afin que vous puissiez anticiper et réagir rapidement de la bonne manière.

3. Si vous êtes infiltré ou à l'origine d'une infiltration

La première chose logique à faire est, bien évidemment, de couper l'eau si possible pour limiter les dégâts. Prenez contact avec votre voisin et votre syndic dans le cas où des parties communes seraient touchées. Si la fuite est stoppée, passez à la rédaction commune d'un constat amiable d'assurance avec votre voisin. Une expertise sera peut-être diligentée en fonction du montant des dégâts estimés et de la fréquence des sinistres rencontrés. Si votre voisin n'est pas sur place et que l'eau coule toujours chez vous, prenez contact directement avec le syndic. Il missionnera une entreprise pour couper l'arrivée d'eau de votre voisin, située la plupart du temps dans les placards techniques. Vous passerez ensuite à l'étape de la rédaction du constat avec votre voisin.

Il est crucial d'agir rapidement pour minimiser les dommages et prévenir toute escalade de la situation.

Il arrive parfois de rencontrer des copropriétaires butés qui soutiennent que la fuite ne vient pas de chez eux. Dans ce cas, demandez au syndic d'intervenir sans délai. Votre syndic sait gérer ce genre de problème. Si votre voisin sinistrant refuse d'ouvrir sa porte, il commandera une recherche de fuite en partant de l'appartement sinistré vers l'appartement sinistrant. Le plombier missionné trouvera une manière d'arrêter la fuite temporairement et rédigera un rapport qui sera remis au syndic. Si le rapport indique que votre voisin est à l'origine de la fuite, le gestionnaire prendra les dispositions nécessaires pour régler le problème en fonction de la gravité de la fuite : lettre recommandée, mise en demeure ou, dans certains cas graves, une demande de référé pour pénétrer dans l'appartement et faire réparer la fuite, avec ou sans l'accord du voisin.

En adoptant une approche proactive et en impliquant les parties concernées, vous augmentez les chances de résoudre efficacement le problème des infiltrations d'eau en copropriété.

4. Qui paie les factures d'intervention ?

Si votre voisin est à l'origine de votre infiltration et qu'il téléphone de lui-même au plombier pour réparer la fuite, le problème est clos. De votre côté, vous serez remboursé par votre assurance personnelle des dégâts occasionnés chez vous par la fuite. La convention IRSI (Indemnisation et Recours des Sinistres Immeuble) établie en juin 2020 vient faciliter la prise en charge de la facture de recherche de fuite.

Il est essentiel de clarifier la responsabilité financière afin d'éviter tout litige ultérieur.

> **! Information :** Une recherche de fuite organisée par le syndic et dont l'origine se trouve dans des parties privatives doit être prise en charge par l'assurance du copropriétaire à l'origine de l'infiltration.

Dans une circulaire du 11 mars 2022, la GCA (Gestion des Conventions d'Assurance) apporte certaines précisions concernant l'application de la convention IRSI. Cette circulaire indique que lorsque le syndic a dû réaliser plusieurs recherches de fuite avant que la fuite ne soit localisée dans une partie privative d'un copropriétaire, il appartient à l'assurance du copropriétaire en question de prendre en charge l'ensemble des factures des différentes opérations de recherche.

Il y a quelques années, la prise en charge de la facture de recherche de fuite posait problème. Maintenant, c'est plus simple. Gardez en tête que si le syndic est le donneur d'ordre, c'est au copropriétaire infiltrant de payer la facture. Même si la convention IRSI stipule officiellement que "Les assureurs prennent en charge les recherches de fuite organisées à leur initiative ou à celle de leurs assurés", il est toujours très difficile de se faire rembourser. Vous trouverez en note de bas de page un lien vers la convention IRSI[11]. Cette clarification permet de garantir une répartition équitable des coûts liés aux interventions, conformément aux obligations légales et conventionnelles en vigueur.

5.Comment l'indemnisation du préjudice est-elle prise en charge ?

En copropriété, l'indemnisation du dégât des eaux ou de tout autre sinistre diffère en fonction de sa nature et du montant des réparations. Si le montant du préjudice est supérieur à 1 600 € HT, les règles de la convention IRSI s'appliquent. En revanche, si le montant des dommages est inférieur à 1 600 € HT, c'est la compagnie d'assurance du tiers responsable du dégât des eaux (ou celle de la copropriété si le dégât provient des parties communes) qui prend en charge la facture. Enfin, pour les dommages

---

[11] [11] https://goodassur.com/sites/goodassur.com/files/convention-irsi.pdf - (Convention IRSI)

inférieurs à 240 € HT, ils sont également à la charge de l'assurance du tiers ou de la copropriété.

> **! Information :** Qu'ils soient privatifs ou communs, si le montant de la réparation dépasse 5.000€, c'est à la copropriété de prendre en charge les réparations.

En copropriété depuis une dizaine d'années environ, chaque logement est équipé d'un compteur d'eau individuel, généralement situé dans les placards techniques. Dans le cas où une fuite est avérée avant votre compteur, c'est à la copropriété de prendre en charge la réparation. Dans le cas où la fuite se situe après votre compteur d'eau, c'est donc à vous qu'incombe la réparation.

6. Qu'est-ce que la convention CIDE-COP ?

La convention CIDE COP s'applique aux dégâts des eaux et autres types de dégâts survenus dans une copropriété quand ils entraînent des dommages matériels supérieurs à 1 600€ (TVA non comprise) et des dommages immatériels supérieurs à 800 € (TVA non comprise).

Sont en principe concernés par cette convention les sinistres résultants :

- De fuites, ruptures, engorgements, débordements ou renversements :

  - des conduites non enterrées d'eau froide ou chaude, d'évacuation des eaux pluviales, ménagères ou de vidange, de chéneaux et gouttières ;

  - des installations de chauffage central, sauf les canalisations enterrées ;

  - des appareils à effet d'eau (machine à laver, cumulus) ;

- D'infiltration à travers les toitures.

Ces causes sont couvertes dans le cadre de la convention CIDRE, même si elles ne sont pas couvertes par le contrat d'assurance de la victime. Cependant, pour la convention CIDE-COP, les limitations contractuelles de garantie sont applicables, sauf exception.

Règles d'indemnisation en cas de sinistre :

- L'indemnisation des dommages matériels incombe à l'assureur multirisques habitation, qui verse à l'occupant une indemnité pour les dégâts mobiliers et ceux causés aux embellissements.

- L'assureur de la copropriété verse une indemnité au syndicat des copropriétaires pour les dommages sur les parties immobilières privatives et communes.

> **Information** : Dans le vocabulaire des assurances, les "biens mobiliers" font référence aux meubles et autres objets non fixés, tandis que les "embellissements" incluent les peintures, papiers peints, moquettes, miroirs, faux plafonds, etc. Les "biens immobiliers" concernent les murs, sols, plafonds, etc.

En connaissant ces conventions et leur application, vous serez mieux préparé à gérer et à anticiper les sinistres liés aux dégâts des eaux en copropriété.

7. Acheter un émetteur en copropriété

Vous serez sûrement amené à commander des badges, des Vigik ou des télécommandes pour vous-même ou pour votre locataire. Cette action, plutôt simple en apparence, est souvent la bête noire des gestionnaires de copropriétés.

À la décharge des syndics, commander un badge est très chronophage. Tout d'abord, le gestionnaire doit passer commande par téléphone, souvent en écoutant le prestataire se plaindre des problèmes qu'il rencontre sur les installations sous contrat. Ensuite, il doit confirmer la commande par e-mail et attendre l'aval écrit du copropriétaire concerné pour éviter les contestations. Le gestionnaire et son assistante doivent ensuite gérer la réception du badge et vous appeler lorsqu'il arrive à l'agence.

Dans certaines résidences de vacances, où les copropriétaires ne restent pas plus de 20 jours sur place, les badges doivent être envoyés par la poste, avec tous les problèmes de logistique que cela implique.

? Information : Afin de gagner du temps et de l'énergie, commandez directement chez le fournisseur après avoir demandé le nom de la société au syndic. Généralement, les fournisseurs de badges n'aiment pas que vous preniez les choses en main, car cela les force à vous faire une facturation particulière. Sachez qu'ils ne peuvent pas vous refuser cette démarche. De plus en plus de syndics mettent en place ce système.

Malgré cela, vous pourriez demander au syndic de le faire pour vous, comme 99 % des copropriétaires, mais vous prenez le risque d'attendre votre télécommande 15 à 20 jours. En outre, vous ne connaîtrez le prix final qu'après réception de votre appel de charges, sur lequel sera inscrit le montant à régler. Optez plutôt pour la première solution et récupérez votre badge en moins de 48 heures. Il existe parfois des limites de badges fixées par le règlement de copropriété.

8. Les problèmes d'imputations des charges

Plus tôt dans ce livre, j'ai évoqué avec vous les imputations de charges. Dans certaines copropriétés, le conseil syndical est très à cheval sur l'entretien de la copropriété et le respect des parties communes. C'est une très bonne chose, mais vous pourriez recevoir régulièrement des courriers vous imposant de tailler votre arbre, vos haies ou même de nettoyer ponctuellement à la suite de travaux que vous auriez effectués. On pourrait vous reprocher d'avoir sali l'ascenseur et vous imputer la facture de nettoyage. Je vous rappelle que ces dépenses ne peuvent pas vous être légalement imposées.

Le seul motif pour lequel on peut vous imposer des dépenses contre votre volonté, c'est au motif du critère d'aggravation. Il était coutume d'inclure dans le règlement de copropriété cette clause, généralement rédigée ainsi : les copropriétaires qui aggraveraient les charges communes par leur fait ou celui des personnes dont ils devaient répondre, devraient supporter seuls l'intégralité des dépenses et des frais supplémentaires engagés.

? Information : Si cette clause est portée à la connaissance des copropriétaires en assemblée générale au titre d'un point d'information, elle n'aura aucune valeur. Si cette clause est votée à l'article 26, elle a alors une valeur juridique. Toutefois, même avec une valeur juridique, vous pouvez vous opposer à l'imputation de ces charges. Si vous marquez votre opposition, le syndicat n'aura pas d'autre choix que d'intenter une action en justice à votre encontre pour vous appliquer ces frais. Ils devront aussi faire constater juridiquement votre refus. Comprenez par-là que neuf fois sur dix, le syndicat des copropriétaires n'engagera pas d'action pour 300 € de dégâts.

En restant informé de vos droits et en prenant les mesures adéquates, vous pouvez éviter de nombreuses complications. Les connaissances sur les procédures et les règles en copropriété vous permettront de mieux gérer et anticiper les éventuels problèmes.

9. Une obligation de moyen, mais pas de résultat

Vous allez sûrement être confronté à d'autres types de problèmes en copropriété que ceux des charges ou des impayés. Par exemple, des problèmes de rongeurs, de cafards, de goélands, etc. Pour tous ces problèmes, le syndic a une obligation de moyen. Une obligation de moyen impose au syndic de mettre en œuvre tous les moyens nécessaires pour résoudre un problème rencontré, afin de ne pas se voir poursuivi en responsabilité civile.

Cependant, une obligation de moyen ne signifie pas une obligation de résultat. Par exemple, si des blattes sont présentes dans l'immeuble et que le syndic procède à des désinsectisations récurrentes et met en place un contrat de maintenance, il ne peut pas être tenu responsable si les blattes continuent de proliférer malgré ces efforts.

> **❓ Information** : Si vous avez des blattes, des cafards, des rats ou tout autre problème de ce genre, vous pouvez demander à votre syndic d'agir sans délai pour vous aider. Il commandera la désinsectisation des parties communes rapidement et proposera une intervention dans les parties privatives à tous les copropriétaires. Si vous en faites la demande, le syndic ne peut pas refuser une intervention de cette nature, car il en va de la salubrité du bâti.

Si le problème est localisé dans vos parties privatives, c'est à vous d'agir et de supporter le coût de l'opération. Le syndic n'intervient pas pour un problème d'ordre privatif.

10. Comprendre les comptes financiers de la copropriété (c'est pour votre bien)

Vous avez la possibilité de vérifier les comptes de la copropriété jusqu'à six jours avant la date de l'assemblée générale, même si vous n'êtes pas membre du conseil syndical. Pour cela, vous devez en faire explicitement la demande. La vérification se fera généralement dans les locaux du syndic. L'objectif de la vérification des comptes est de repérer les anomalies comptables dispersées dans les comptes de l'exercice écoulé : mauvaises attributions, mauvais libellés, mauvaise ventilation, etc.

Réuni en conseil syndical, le syndic apporte les documents à examiner avec les conseillers syndicaux :

- Le relevé général des dépenses et l'ensemble des factures de l'exercice.

- Les annexes comptables.

Voyons en détail les documents mis à votre disposition :

Le relevé général des dépenses : est un relevé de comptes regroupant toutes les dépenses de l'année écoulée, réparties par catégories (clés). Il y a des catégories pour chaque bâtiment et pour chaque type de charge. Une dépense au bâtiment C n'ira pas dans la même case qu'une dépense au bâtiment A. La catégorisation des charges sert donc à répartir correctement les dépenses par bâtiment. Je vous invite également à vérifier les ordres de services, qui doivent toujours être joints aux factures. Vous pourrez ainsi vérifier que le montant facturé dans le relevé général des dépenses correspond bien à la facture et à la mission demandée par le syndic.

Annexe 1 : La santé financière de votre copropriété

Cette première annexe comptable résume la santé financière de la copropriété et permet d'établir un comparatif avec l'année précédente. Elle est séparée en deux parties :

La situation financière et la trésorerie :
- Les comptes de trésorerie : Ce qu'il y a sur le compte bancaire de la copropriété à l'instant T (cette donnée doit toujours être positive).
- Les provisions et avances : Ce que les copropriétaires ont déjà versé hors budget d'exploitation et qui n'est pas encore consommé (appels de fonds travaux...).

Les créances et dettes de la copropriété :
- Les créances : Ce que la copropriété espère encaisser sous peu (ce qui devrait entrer sur le compte prochainement).
- Les dettes : L'argent que la copropriété devra décaisser sous peu (ce qui devrait sortir du compte prochainement).

Annexe 2 : Le suivi par nature du budget d'exploitation et des opérations exceptionnelles

Cette deuxième annexe permet d'avoir une vision des charges de la copropriété par nature (exemple : l'électricité) et non par clé de répartition. Elle permet de vérifier si la copropriété n'a pas dépensé plus que le budget voté. Elle se sépare aussi en deux parties :

Les charges et produits pour opérations courantes :

- Les charges pour opérations courantes : Charges d'exploitation générées par l'exécution du budget, c'est-à-dire les dépenses courantes.

Les charges et produits pour travaux et autres opérations exceptionnelles :

- Les charges pour travaux et autres opérations exceptionnelles : Dépenses qui ne rentrent pas dans le budget (sinistres, travaux sur appel de fonds clôturés).
- Les produits pour travaux et autres opérations exceptionnelles : Recettes qui ne rentrent pas dans le budget (indemnités d'assurance, quittancement des appels de fonds clôturés).

Annexe 3 : Le suivi détaillé de votre budget d'exploitation par clé de répartition

La troisième annexe permet d'avoir une vision des charges courantes par destination, c'est-à-dire par clé de répartition (exemple : l'électricité de l'ascenseur, les honoraires de syndic, l'entretien des espaces verts, etc.). Elle vous permet de visualiser plus précisément ce que la copropriété a payé et les évolutions des charges courantes sur un cycle de quatre ans : l'année précédant l'année à approuver (N-1), l'année à approuver (N), l'année en cours (N+1) et l'année à venir (N+2).

Annexe 4 : Le suivi détaillé des opérations hors budget par clé de répartition

La quatrième annexe permet d'avoir une vision des charges exceptionnelles par destination, c'est-à-dire par clé de répartition. Cela vous permet de visualiser plus précisément ce que la copropriété a payé au titre des dépenses exceptionnelles (travaux et autres opérations exceptionnelles).

Il s'agit des travaux votés en assemblée générale, mais qui ne sont pas inclus dans l'entretien courant de la copropriété.

Annexe 5 : Le suivi des travaux votés par l'assemblée générale

Cette annexe vous permet de suivre avec précision la réalisation de chaque appel de fonds et donc, de suivre les gros travaux qui s'étalent sur plusieurs années. Elle permet de vérifier six montants :

- Les travaux votés en assemblée générale ;

- Les travaux payés (sommes versées au fournisseur);

- Les travaux réalisés (sommes facturées par le fournisseur) ;

- Les appels de travaux, emprunts et subventions reçus ;

- Le solde en attente sur travaux ;

- Les subventions et emprunts à recevoir.

? Information : Il est très fréquent de voir des erreurs se glisser dans le relevé général des dépenses et dans les annexes comptables. Je vous invite à vérifier les comptes, même si vous n'êtes pas membre du conseil syndical, car il arrive que des petites coquilles se glissent dans les comptes. Avec le temps, vous serez plus vigilant et plus apte à repérer les erreurs dans l'intérêt de tous.

PARTIE IV – Rénover, louer et vendre en copropriété

Si vous avez un projet de rénovation ou stratégie de vie liée à l'investissement en immobilier, cette partie vous est dédiée. Nous allons évoquer ensemble les grands volets de l'optimisation de votre bien 1er appartement afin qu'il soit confortable et profitable financièrement. Premièrement, nous verrons comment organiser et gérer des travaux en copropriété afin d'anticiper le coût potentiel de votre projet dans sa totalité. En tant que futur potentiel bailleur, il est nécessaire de savoir comment exploiter au mieux votre appartement ou votre maison sans troubler le voisinage. Une sous-partie entière sera dédiée à la gestion du locataire. À travers cette partie, vous allez acquérir aussi tout le savoir nécessaire pour vendre votre bien au meilleur prix. En conclusion, vous saurez comment œuvrer intelligemment pour préserver la quiétude du voisinage tout en exploitant votre bien au maximum. À la fin de cette partie, je vous donnerai aussi des astuces pour que toutes vos demandes soient entendues et exécutées plus rapidement auprès du syndic si nécessaire.

Chapitre I – Faire des travaux en copropriété (sans se faire d'ennemi)

1.Faire des travaux en copropriété

En copropriété, des règles précises et contraignantes s'appliquent pour la réalisation des travaux, en intérieur ou en extérieur. Par le terme "travaux", comprenez la notion de bruit fort, constant et dérangeant, entrecoupé de brèves pauses, par exemple, la durée des coups de marteau, d'une scie et d'une ponceuse varie entre un et 15 jours. Évidemment, ce n'est pas la définition du dictionnaire, mais la définition que j'en ai déduite de mon expérience professionnelle. Les travaux en copropriétés sont difficiles à vivre pour vos voisins. La proximité des habitations rend le bruit plus présent et plus inquiétant quand votre voisin essaie de regarder la télé avec, en fond, votre bruit de perceuse. Vos voisins pourraient avoir l'impression que vous êtes en train de découper une ouverture dans le mur porteur pour accéder à son appartement.

Les règles pour la réalisation des travaux en copropriétés sont parfois difficiles à accepter, mais elles sont essentielles pour le bien-être de tous. Plusieurs facteurs entrent en compte : les règles que vous devrez suivre dépendent des régions de France et des subtilités applicables au règlement de copropriété de votre résidence.

2.Bénéficier des aides pour faire des travaux de rénovation énergétique

À l'heure où j'écris ce livre, de nombreuses aides de l'État sont mises en place pour faciliter la transition énergétique. Vous pouvez ainsi obtenir des aides de l'ANAH et d'autres aides nationales, régionales ou communales, pour effectuer des travaux de rénovation.

Il existe des subventions que vous pourriez recevoir à titre personnel et qui vous aideront pour améliorer l'intérieur de votre logement :

- Amélioration du système de ventilation ;
- Installation de thermostats ;
- Isolation des murs de votre logement ;
- Changement du système de chauffage pour un système plus performant.

Ces travaux sont réalisables dans vos parties privatives, sans l'aval de l'assemblée générale, à condition qu'aucune partie commune ne soit touchée. Si vous décidez d'installer une douche à l'italienne, vous touchez une partie commune (dalle). Dans ce cas, l'aval de l'assemblée générale est en théorie nécessaire.

Pour démarrer les travaux, remplissez les formulaires disponibles sur le site *Ma prim renov*[12]. À l'aide du questionnaire en ligne, vous saurez rapidement le montant qui peut vous être attribué pour vos travaux. Les travaux devront être réalisés par des entreprises qualifiées RGE. Un professionnel RGE est un artisan spécialisé dans les travaux de rénovation énergétique. Il dispose d'une certification reconnue par l'État dans un domaine spécifique (isolation des combles, changement des fenêtres, installation d'une chaudière biomasse). Généralement, on vous demande d'avancer l'argent des travaux pour percevoir la compensation sur présentation des factures.

---

[12] https://www.maprimerenov.gouv.fr

⚠️ **Information :** Depuis 2023, tous les logements dits "passoires énergétiques" doivent réaliser des travaux d'amélioration. Dans le cas où les travaux ne seraient pas réalisés, il sera impossible de mettre votre bien à la location. Un passage est dédié à ces nouvelles obligations plus tôt dans le livre. Je vous invite aussi à faire attention aux permis de louer qui se répandent dans les agglomérations de petites et moyennes tailles, surtout dans les vieux centres-villes. Ils ont pour but de vérifier que le logement est décent.

3.Que dit la loi sur l'heure légale des travaux à l'échelle nationale ?

Les travaux peuvent causer des nuisances sonores, parfois olfactives ou encore des difficultés d'accès aux différentes zones de l'immeuble, si vous entreposez des affaires dans les couloirs. Les règles concernant les horaires de travail sont donc cruciales pour le confort de tous. En France, le conseil national du bruit est l'instance juridique chargée de contrôler les plages horaires associées aux durées des travaux.

Cependant, les travaux doivent surtout relever du bon sens.

La législation des horaires de travaux existe pour éviter la majorité des nuisances, mais elle appelle également à la logique de chaque copropriétaire. Par exemple, si l'une de vos voisines est assistante maternelle et qu'elle garde des enfants pendant la journée, elle serait en droit de vous demander de décaler vos heures de travaux. Il s'agit donc de bien se renseigner en amont et d'écouter les requêtes de votre voisinage.

4. Quels sont les horaires autorisés pour les travaux ?

Le conseil national du bruit a défini une plage horaire pour les travaux en copropriété, en distinguant les travaux de gros œuvre et les petits travaux de bricolage. Les travaux lourds sont autorisés entre 7 h et 20 h, du lundi au samedi seulement. Les travaux ponctuels et moins invasifs peuvent être réalisés :

❖ Du lundi au vendredi de 8 h à 12 h, puis de 14 h 30 à 19 h ;
❖ Le samedi, entre 9 h et 12 h, puis de 15 h à 19 h ;
❖ Le dimanche, de 10 h à 12 h.

5. La réglementation pour les travaux le dimanche

En copropriété, les travaux sont interdits le dimanche et cela, peu importe leur nature. Toutefois, pour les petits travaux légers, les horaires dépendent de ce qui est en vigueur dans la préfecture, la commune ou dans le règlement de copropriété. Pour les copropriétés horizontales, les petits travaux sont tolérés. En immeuble, dans la majorité des cas, les travaux sont interdits, sauf cas de force majeure. Les seuls travaux que vous pourriez réaliser dans votre appartement sont ceux qui ne font pas de bruit, tels que la peinture.

> **Information :** Évidemment, dans le cas où des travaux urgents ou importants seraient nécessaires, il vous est tout à fait possible de les réaliser sans délai. Ici, je fais référence à des travaux, tels qu'un mur qui s'effondre, un plafond qui menace de tomber ou une très grosse fuite d'eau. Cette liste est non exhaustive. Pour rappel, en cas de danger pour la vie des personnes, appelez les pompiers, la police, le SAMU et ensuite, le syndic.

6. Comment faire constater une nuisance sonore

Le respect des horaires autorisés pour réaliser des travaux évite tout litige avec le voisinage. Il arrive cependant que des copropriétaires se plaignent. Pour être qualifié de nuisance sonore, un bruit doit être intense, long et/ou répété. Même si les heures de travaux légales sont respectées, ils sont en droit de demander une cessation des activités. Concernant les démarches, il faut commencer par vérifier le règlement de copropriété et ce qu'il indique en termes de règles relatives au bruit dans l'immeuble. La notion d'horaire restant indicative, commencez donc toujours par informer le copropriétaire de la nuisance qu'il occasionne. Il est possible qu'une bonne communication suffise à régler le litige.

Information : Prévenir le voisinage en amont permet d'éviter beaucoup de désagréments et d'éviter les conflits. Il est utile de les consulter concernant les horaires de travaux qui les dérangent le moins.

7. Que faire en cas de non-respect des horaires de travaux ?

Si l'un des copropriétaires ne respecte pas les horaires légaux de travaux et devient trop bruyant, il existe des recours :

- Contacter le syndic de copropriété pour enclencher une résolution à l'amiable. Cela permet de régler le problème sans tiers juridique, de dialoguer et de trouver un compromis.
- Envoyer un courrier recommandé avec accusé de réception au copropriétaire en faute pour lui rappeler les règles de la copropriété et lui demander de changer de comportement. Demandez au syndic de faire la même chose.
- Contacter son assurance pour lui demander de se mettre en relation avec le propriétaire qui fait trop de bruit. Elle peut servir de médiation entre les deux parties.
- Appeler la police ou les gendarmes pour faire constater le trouble subi et, éventuellement, déposer une plainte. L'amende pour tapage est de 68 €.
- Saisir la justice en dernier recours en faisant appel à un huissier de justice ou un conciliateur de justice pour mener l'affaire au tribunal.

> **! Information :** dans le sud de la France, il est généralement interdit de faire des travaux pendant la période estivale, allant du 20 juin au 15 septembre. Si vous aviez prévu de faire des travaux de rénovation dans votre appartement, il faudra attendre la fin de la saison pour laisser chanter votre perceuse. À l'inverse, dans les stations de ski, le laps de temps prohibé couvre la période de forte affluence, qui va de décembre à février.

8. Le prêt en copropriété pour les travaux décidés en assemblée générale

Lorsque les travaux dépassent 2 000 € par personne, le syndic propose un prêt copropriété lors de l'assemblée générale. Le vote se fait généralement à la même majorité que les travaux. Le prêt copropriété peut être mis en place lorsqu'au moins deux copropriétaires le demandent et cela, peu importe la taille de la copropriété. Pour accéder à ce prêt, il n'y a pas de conditions de revenus. C'est le syndic qui met votre dossier en place et qui le soumet à la banque. Généralement, c'est la Caisse d'épargne Île-de-France qui concentre la majorité des prêts copro.

Les mensualités sont payées par le syndic. Votre mensualité apparaît ensuite sur votre compte de charges. Comme tous les prêts, il est nominatif. Vous aurez un tableau d'amortissement à votre nom. En cas de vente de votre bien, vous devrez rembourser l'intégralité du prêt.

Chapitre II- Optimiser son achat en copropriété

Vous avez peut-être repéré un appartement pour lequel il est possible d'envisager une division afin d'en faire deux studios à louer ou à vendre. En grand mana de l'immobilier que vous êtes, vous envisagez donc de diviser cet appartement en deux studios. Cependant, à l'heure où vous lisez ces lignes, vous n'avez peut-être même pas encore visité l'appartement qui vous fait fantasmer sur votre futur de rentier immobilier.
Avant de concrétiser vos rêves d'investisseur, sachez que ce type d'opérations nécessitent une compréhension approfondie des règles et des lois en vigueur, une connaissance précise du marché immobilier et des démarches administratives.

Rappelons brièvement les grandes règles :

La surface minimale des lots à usage d'habitation principale : Chaque lot créé après division doit respecter une surface minimale définie par la loi française. La loi décrit le logement décent comme étant une habitation dont la hauteur sous plafond est égale ou supérieure à 2,20 m. Les locaux dont la hauteur sous plafond est inférieure à 2,20 m sont impropres à l'habitation

> **! Information :** Pour être décent, le logement doit donc comporter au moins une pièce principale dont les caractéristiques seront les suivantes :
> Une surface habitable d'au moins 9 m^2 et une hauteur sous plafond d'au moins 2,20 m
>
> Soit un volume minium habitable de 20 m^3

En complément des règles de décences applicables aux logements, il est nécessaire de respecter d'autres prérogatives :

- **Accessibilité des parties privatives** : Chaque lot doit disposer d'un accès indépendant aux parties communes de l'immeuble. Cela implique qu'il doit pouvoir être accessible depuis l'extérieur ou depuis les couloirs communs sans passer par un autre lot.

- **Conformité aux règles d'urbanisme :** La division ne doit pas contrevenir aux règles d'urbanisme en vigueur, notamment en termes de création d'accès aux réseaux. Vous devez vous renseigner auprès de votre mairie pour connaître les réglementations spécifiques applicables à votre bien.

> ⛔ **Information :** Obligation de créer des places de parking dans certaines villes :
>
> Attention : Certaines communes imposent aux propriétaires qui divisent leur bien immobilier de créer des places de parking afin de répondre aux besoins en stationnement de la zone. Ces obligations varient selon les communes et peuvent prendre en compte des critères tels que la surface habitable créée, la distance aux transports en commun ou la disponibilité de places de parking existantes.
>
> *Le non-respect de ces obligations peut entraîner des sanctions pour le propriétaire, telles qu'une amende administrative, une injonction de réaliser les travaux ou l'impossibilité de vendre les lots.*

Les grandes étapes de la division d'un appartement dans le cadre de la copropriété :

1. Obtention de l'accord de l'assemblée générale : La division doit être autorisée par l'assemblée générale des copropriétaires, statuant à la majorité absolue des voix (article 26). Cela signifie que plus de la moitié des copropriétaires présents ou représentés doivent voter en faveur de la division. Le règlement de copropriété peut imposer des conditions supplémentaires à cette autorisation, il est donc crucial de le consulter attentivement au préalable.

2. Réalisation des plans de division : Un architecte ou un géomètre-expert doit établir les plans de division précisant la surface, la délimitation et l'affectation des parties privatives de chaque lot. Ces plans constituent des documents essentiels pour la compréhension et la validation de la division.

3. Modification du règlement de copropriété : La modification du règlement de copropriété est nécessaire pour intégrer les nouveaux lots et acter de leur répartition des charges et des voix. Cela permet de garantir un fonctionnement harmonieux de la copropriété en tenant compte des modifications apportées à l'immeuble.

4. **Acte notarié :** La division est officialisée par un acte notarié reprenant les plans de division, la modification du règlement de copropriété et la répartition des charges et des voix. Cet acte notarié constitue la preuve juridique de la division et doit être signé par toutes les parties concernées.

Coûts et démarches administratives :

La division d'un appartement en copropriété s'accompagne de divers frais qu'il convient d'anticiper pour mener à bien votre projet sereinement :

- Honoraires d'architecte ou de géomètre-expert : Pour la réalisation des plans de division. Ces frais varient en fonction de la complexité du projet et de la surface du bien à diviser.

- Frais de convocation d'une Assemblée Générale extraordinaire : Ces frais sont nécessaires dans le cas où vous demanderiez à la copropriété de statuer sur votre projet.

- Frais de notaire : Pour la rédaction et l'établissement de l'acte notarié. Les frais de notaire sont calculés en fonction de la valeur du bien et de la complexité de l'opération.

<u>Conclusion :</u>

Diviser un appartement en copropriété est une procédure légale encadrée par des règles et des conditions strictes. Bien que motivée par des objectifs financiers, elle nécessite une préparation rigoureuse et l'accompagnement de professionnels compétents tels qu'un architecte, un géomètre-expert et un notaire. En suivant scrupuleusement les étapes et en respectant les obligations légales et locales, vous pourrez mener à bien votre projet en toute sécurité et conformité.

Chapitre III – Avoir un locataire en copropriété

1. Choisir un locataire

    Il existe de nombreux ouvrages détaillant les subtilités du choix des locataires. Je pourrais m'étendre sur ce sujet, mais cela nécessiterait un livre entier. Dans cette section, je vous donnerai les

clés essentielles pour faire le bon choix et éviter les risques. En France, il est interdit de discriminer un locataire en raison de son apparence physique, de son origine nationale ou ethnique, de son sexe, de son âge ou de son orientation sexuelle. Ce délit est passible de trois ans d'emprisonnement et
de 45 000€ d'amende.

2. Un locataire qui correspond aux attentes de l'immeuble

Si votre immeuble abrite principalement des personnes retraitées ou quinquagénaires, évitez de choisir un locataire qui organise fréquemment des fêtes. Vous risqueriez de vous retrouver avec une pétition contre votre locataire et des réprimandes lors de la prochaine assemblée générale. Choisissez toujours un locataire en harmonie avec les habitants de l'immeuble, dans la mesure du possible et en respectant la loi.

Par exemple, évitez de louer à un passionné de voitures si vous n'avez pas de places de parking privatives. Il pourrait monopoliser des places non allouées, suscitant des plaintes des voisins. De même, ne louez pas un appartement de 15 m² à une famille de trois personnes, même si elle le souhaite. Il est généralement recommandé de prévoir au moins

10 m² pour une personne, 16 m² pour deux personnes, et 9 m² supplémentaires par personne additionnelle.

3. Beau et pas cher, ou moche et robuste ?

En location, l'essentiel n'est pas de choisir des meubles coûteux, mais des installations durables. Les locataires ne prennent pas toujours soin des équipements, une réalité parfois amère. Optez pour du matériel robuste qui résiste aux chocs, comme des plans de travail qui supportent une casserole d'eau bouillante ou des lits sans lattes, capables de supporter des sollicitations inhabituelles.

Peignez votre appartement en blanc pour qu'il plaise à tous les locataires potentiels et utilisez une peinture lavable, même si cela implique de repeindre entre deux locations. Pour le sol, privilégiez un linoléum passage intensif plutôt que du carrelage, car il est plus résistant et facile à remplacer.

4. Les bons comptes font les bons locataires : récupérez les charges

En copropriété, les propriétaires peuvent imputer les charges de copropriété à leurs locataires. En principe, les charges payées par le locataire correspondent aux frais d'entretien des éléments de la copropriété qu'il utilise quotidiennement.

> **! Information** : Heureusement, la loi est bien faite et une liste exhaustive des charges imputables aux locataires est définie par le décret de 1987 et encadrée par la loi de 1989. Je vous invite à lire ces textes de référence.

Charges imputables aux locataires :

- <u>Ascenseur ou monte-charge :</u>

Électricité ;

Exploitation de l'appareil (visites périodiques, nettoyage, examens semestriels des câbles, tenue d'un dossier par l'entreprise d'entretien) ;

Fourniture de produits ou petit matériel d'entretien (chiffons, graisses, huiles, lampes d'éclairage de la cabine) ;

Menues réparations de la cabine (changement de boutons, paumelles de portes), des paliers (ferme-portes mécaniques, électriques ou pneumatiques), et des fusibles.

- <u>Eau froide, eau chaude et chauffage collectif :</u>

    Eau froide et chaude de l'ensemble des occupants en cas de compteurs divisionnaires ;

    Eau nécessaire à l'entretien courant des parties communes, y compris la station d'épuration ;

    Eau nécessaire à l'entretien courant des espaces extérieurs ;

    Produits nécessaires à l'exploitation, à l'entretien et au traitement de l'eau ;

    Fourniture d'énergie, quelle que soit sa nature ;

    Exploitation des compteurs généraux et individuels et entretien des épurateurs de fumée ;

    Réparation des fuites sur joints.

- <u>Installations individuelles :</u>

    Chauffage et production d'eau chaude ;

    Distribution d'eau dans les parties privatives (contrôle des raccordements, réglage de débit et températures, dépannage, remplacement des joints de chasses d'eau).

- Parties communes intérieures :

    Électricité ;

    Fourniture de produits d'entretien (balais, sacs pour l'élimination des déchets, produits de désinsectisation et désinfection) ;

    Entretien de la minuterie, des tapis, des vide-ordures ;

    Réparation des appareils d'entretien de propreté (aspirateurs) ;

    Frais du personnel d'entretien.

- Espaces extérieurs :

    Voies de circulation ;

    Aires de stationnement ;

    Abords des espaces verts ;

    Équipements de jeux pour enfants.

- Taxes et redevances :

    Taxe ou redevance d'enlèvement des ordures ménagères ;

    Taxe de balayage ;

    Redevance d'assainissement.

5. Comment payer ou réclamer les charges sans tension

Le paiement des charges se fait par provision, c'est-à-dire une avance régulière du même montant, payée généralement en même temps que le loyer. En fin d'année, le propriétaire effectue une régularisation annuelle avec son locataire. Le montant des charges récupérées par le propriétaire doit être justifié.

La provision n'est pas fixée aléatoirement ; elle est définie sur la base des résultats antérieurs arrêtés lors de la précédente régularisation de charges ou, si le logement est situé dans un immeuble en copropriété, du budget prévisionnel envoyé par le syndic en fin d'année.

6.Comment calculer la régularisation des charges

Les charges doivent être régularisées au moins une fois par an, généralement à la date anniversaire du bail, en comparant le total des provisions demandées par le propriétaire au locataire avec les dépenses engagées pendant l'année. Si le propriétaire a perçu plus que nécessaire, il doit rembourser le trop-perçu. Sinon, il demande un complément en le justifiant avec le relevé général des dépenses annuelles.

Un mois avant la régularisation annuelle, le propriétaire doit fournir au locataire les informations suivantes :

- Décompte des charges locatives par nature (électricité, eau chaude, eau froide, ascenseur);
- Mode de répartition entre les locataires si le logement est situé dans un immeuble collectif ;
- Note d'information sur le mode de calcul lié au chauffage et à la production d'eau chaude.

Le propriétaire doit transmettre, sur simple demande du locataire, le récapitulatif des charges par mail ou par courrier. Durant les six mois suivant l'envoi du décompte, il doit tenir à la disposition du locataire l'ensemble des pièces justificatives. En cas de difficulté de paiement, le locataire peut demander des délais de paiement et, en cas de conflit, faire appel gratuitement à un conciliateur de justice.

7. Gestion locative ou gestion en direct, de propriétaire à locataire

Il n'y a pas de solution unique et parfaite ; le choix dépend de votre situation personnelle. La distance entre vous et le bien en location est un facteur crucial. Un professionnel compétent fera de son mieux pour vous satisfaire, tandis qu'une autogestion consciencieuse peut aussi être efficace. Voici les avantages et inconvénients des deux modes de gestion :

Avantages de la gestion professionnelle :

- <u>Expérience client :</u>
  Un bon professionnel sait faire la différence entre un bon et un mauvais locataire. Il vérifie les dossiers, les cumuls des fiches de paie, et pose les bonnes questions au bon moment.
- <u>Expérience de gestion :</u>
  Un gestionnaire locatif sait comment entretenir votre bien et préserver ses équipements. Il n'engagera pas de travaux sans votre accord, sauf en cas d'urgence.
- <u>Expérience de terrain :</u>
  Le professionnel de l'immobilier connaît son secteur et peut vous aider à fixer le juste prix pour votre bien

et à trouver rapidement un locataire grâce à son portefeuille clients.

Désavantages de la gestion professionnelle :

- Coût :
  Les frais de gestion sont en moyenne de 6 % à 7 % du montant de votre loyer mensuel. Ajoutez à cela l'assurance loyer impayé, qui avoisine les 3 %, pour une ponction totale de 10 % de vos loyers.
- Gestion non conforme à vos attentes :
  Le mandat de gestion confère au professionnel beaucoup de pouvoir sur votre bien. Il peut présélectionner les dossiers des locataires et vous laisser choisir parmi un choix restreint ou choisir un locataire sans vous consulter.
- Gestion en demi-teinte :
  Il arrive parfois que l'agence ne partage pas votre vision, mettant votre bien en vitrine sans effort, ou l'utilisant pour valoriser un autre bien plus lucratif.

Avantages de la gestion directe :

- Économies :
  Sans professionnel, vous ne payez aucun frais de service. Vous pouvez contracter une assurance loyers impayés de votre choix.

- Choix du locataire :
  Vous êtes seul à analyser les dossiers et à choisir le locataire. Vous portez la responsabilité d'un bon ou d'un mauvais choix.

- Fixation du loyer :
  Vous choisissez seul le montant du loyer sans contraintes.

Désavantages de la gestion directe :

- Solitaires face aux problèmes :
  Vous gérez seul les impayés, les discussions interminables et les relances. En cas de dégradation du logement, vous devez contacter des artisans, obtenir des devis, et suivre les travaux vous-même.

- Temps et compétence :
  Vous devez investir du temps pour gérer votre bien. Vous devez rédiger et faire signer le bail, effectuer les états des lieux, récupérer les loyers et les charges, réaliser les réparations et assurer la régularisation annuelle des charges.

- <u>Solutions:</u>
Vous pouvez utiliser les services d'un site de gestion locative en ligne, qui proposent des outils de gestion en ligne, des états des lieux numériques, et des solutions de publication d'annonces.

Conclusion

La gestion locative peut sembler complexe, mais avec les bonnes informations et un choix adapté à votre situation, vous pouvez optimiser la rentabilité et la tranquillité de votre investissement immobilier en copropriété.

Chapitre IV – La location courte durée

La location courte durée, popularisée par des plateformes comme Airbnb, est devenue une option attrayante pour de nombreux propriétaires. Elle offre la possibilité de générer des revenus supplémentaires en louant son appartement pour de courtes périodes à des touristes ou des voyageurs d'affaires.

Les avantages de la location courte durée :

- **Rentabilité potentiellement supérieure :** Les tarifs à la nuitée sont généralement plus élevés que ceux de la location longue durée, ce qui peut générer des revenus plus importants si le taux d'occupation est suffisant.
- **Flexibilité :** Vous pouvez choisir les périodes pendant lesquelles vous souhaitez louer votre appartement, ce qui vous permet de l'utiliser personnellement lorsque vous le désirez.
- **Rencontres et échanges :** La location courte durée peut être l'occasion de rencontrer des personnes du monde entier et de partager des expériences enrichissantes.

Les inconvénients de la location courte durée :

- **Gestion plus exigeante :** La location courte durée demande plus de temps et d'efforts que la location longue durée. Vous devez gérer les réservations, l'accueil des voyageurs, le ménage entre chaque séjour, etc.
- **Risques accrus :** Les risques de dégradations du logement sont plus élevés avec des locataires qui se succèdent rapidement. De plus, les nuisances sonores et les problèmes de voisinage peuvent être plus fréquents.

- **Réglementation stricte :** La location courte durée est soumise à une réglementation spécifique, notamment en ce qui concerne la durée maximale de location, la déclaration des revenus et les autorisations éventuelles à obtenir auprès de la copropriété ou de la mairie.

1. La réglementation de la location courte durée en copropriété

    En copropriété, la location courte durée peut être soumise à des restrictions spécifiques. Le règlement de copropriété peut interdire ou limiter ce type de location, notamment pour préserver la tranquillité des résidents et éviter les nuisances.

    Avant de vous lancer dans la location courte durée, il est donc essentiel de consulter le règlement de copropriété et de vous assurer que cette activité est autorisée. Si ce n'est pas le cas, vous pourriez être contraint de cesser la location et vous exposer à des sanctions.

2. Les démarches pour louer en courte durée

    Si la location courte durée est autorisée dans votre copropriété, vous devez effectuer les démarches suivantes :

1. **Déclarer votre activité de loueur en meublé non professionnel (LMNP) :** Cette déclaration est obligatoire auprès de votre mairie si vous louez votre résidence principale pendant plus de 120 jours par an.

2. **Respecter les règles d'urbanisme :** Dans certaines villes, comme Paris, vous devez obtenir une autorisation de changement d'usage pour transformer votre résidence principale en meublé touristique.

3. **Renseignez-vous sur les modalités de paiement de la taxe de séjour :** Vous serez assujetti à la taxe de séjour. En fonction des communes, elle peut être prélevé directement mais vous pourriez aussi vous charger de la payer directement sur le site de votre commune.

4. **Souscrire une assurance spécifique :** Une assurance spécifique pour la location courte durée est recommandée pour vous protéger contre les risques liés à cette activité.

3. Conseils pour réussir votre location courte durée

1. **Soignez votre annonce :** Mettez en valeur les atouts de votre appartement avec des photos de qualité et une description détaillée.
2. **Fixez un prix compétitif :** Analysez les tarifs pratiqués dans votre quartier pour des biens similaires et ajustez votre prix en fonction de la saisonnalité et de la demande.
3. **Offrez un accueil chaleureux :** Soyez disponible pour répondre aux questions des voyageurs et leur fournir toutes les informations nécessaires pour leur séjour.
4. **Assurez un logement propre et confortable :** Un logement propre et bien équipé est essentiel pour satisfaire vos locataires et obtenir de bons commentaires.
5. **Respectez les règles de la copropriété et du voisinage :** Pour éviter les conflits, veillez à respecter le règlement de copropriété et à prévenir vos voisins de votre activité de location courte durée.

> ⊖ **Information :** Évitez les boites à clés, elles incitent les locataires à avoir un comportement détaché. Par conséquent, votre logement va en souffrir. Les boites à clés font accroitre le nombre de cambriolage.

En suivant ces conseils, vous pourrez profiter des avantages de la location courte durée tout en minimisant les risques et en respectant les règles en vigueur.

Conclusion

J'ai pris beaucoup de plaisir à écrire ce livre pour vous. J'ai consacré énormément d'heures à sa rédaction et encore plus à condenser et à regrouper les informations importantes pour qu'elles soient facilement accessibles et dépourvues de fioritures. Mon but était d'écrire un ouvrage que vous pouvez lire en moins de trois heures et dans lequel toutes les informations importantes sont présentes. J'ai vulgarisé certains propos et j'ai simplifié quelques lois. Paradoxalement, j'ai complexifié quelques situations pour que vous puissiez entrevoir tout le spectre des problèmes auxquels vous pourriez malheureusement être confronté.

J'espère que cette lecture vous a apporté un maximum d'informations sur la vie en copropriété. J'aurais aimé développer davantage, entrer dans des explications techniques et juridiques, mais cela n'aurait eu aucun intérêt. À quoi bon écrire un livre de 200 pages que vous ne finirez jamais et que vous abandonnerez sur votre table de chevet. Nous sommes tous pareils, très motivés au début et beaucoup moins à la fin...

Je voudrais surtout profiter de cette conclusion pour vous faire passer un dernier message très important. Le monde de l'immobilier est en perpétuelle évolution et les personnes qui le composent sont d'une diversité infinie. Il est coutume de croire que l'immobilier se résume à de la pierre, mais ce n'est que le début d'un monde immense. Si vous prenez plaisir à vous plonger dans ce monde et peut-être même à faire carrière dans ce domaine, vous comprendrez très vite qu'il est composé d'une multitude de strates. Vous allez croiser des propriétaires aisés, d'autres beaucoup moins. Vous rencontrerez des investisseurs avec un capital sympathie énorme et d'autres, complètement dépourvus de sens moral, pour qui l'argent compte plus que tout le reste. Vous rencontrerez des locataires adorables, avec qui vous créerez des amitiés et d'autres qui n'auront aucun scrupule à ne pas vous payer.

Je tiens aussi à vous informer que je crée actuellement une formation qui a pour objectif d'aider les personnes dans la construction de leur projet. J'ai toujours eu à cœur d'enseigner. Mon parcours universitaire me destinait à devenir professeur. L'enseignement restera une vocation pour moi. Cependant, le destin m'a poussé dans le monde de l'immobilier, dans lequel j'ai beaucoup de plaisir à travailler tous les jours.

Mon dernier paragraphe est destiné à mes proches qui m'ont soutenu dans mon parcours. Je remercie Anaïs, ma femme, pour son soutien sans faille. Elle a toujours su me motiver et trouver les bons mots. J'ai aussi une profonde gratitude pour mes parents, ma sœur et mon neveu, qui ont toujours été de très bon conseil. Ils m'ont aidé à être qui je suis. Je ne vous oublie pas non plus, chers lecteurs. C'est grâce à vous que cet ouvrage existe. Si ce livre change la vie d'une seule personne sur cette planète, j'aurai atteint mon objectif.

Annexes

Liste des points à vérifier avant et pendant la visite

Est-ce que le montant des charges est inscrit dans l'annonce avec la fréquence des paiements ?

☐ OUI ☐ NON

Est-ce que le diagnostic de performance énergétique est supérieur ou égal à E ?

☐ OUI ☐ NON

Est-ce que des travaux importants ont été voté à la dernière assemblée générale ?

☐ OUI ☐ NON

Est-ce que la copropriété fait l'objet de procédure judiciaire ?

☐ OUI ☐ NON

Est-ce que la copropriété a beaucoup de débiteurs ?

☐ OUI ☐ NON

Liste des points à vérifier pendant la visite

1. Est-ce que la surface en mètres carrés Carrez correspond à la surface annoncée ?
   ☐ OUI ☐ NON

2. Est-ce que le compteur d'eau est un divisionnaire ?
   ☐ OUI ☐ NON

3. Est-ce que le compteur électrique est dans l'appartement?
   ☐ OUI ☐ NON

4. Est-ce que la personne qui vous fait visiter détient les relevés de charges et les derniers procès-verbaux ?
   ☐ OUI ☐ NON

5. Est-ce que le jardin est privatif ou est-il qualifié de partie commune spéciale ?
   ☐ OUI ☐ NON

Calculez la rentabilité nette

Le rendement net d'un appartement en location peut être calculé en ajoutant les charges et la taxe foncière au ratio de rendement locatif brut (TRLB) :

1. Calculez le TRLB en divisant le revenu locatif annuel (loyers perçus) par le coût d'acquisition de l'appartement (prix d'achat + coûts d'amélioration).
2. Ajoutez les charges locatives annuelles, telles que les frais d'entretien, les coûts de gestion et les assurances.
3. Soustraire la taxe foncière annuelle de votre revenu locatif net.
4. Divisez le revenu locatif net par le coût d'acquisition pour obtenir le rendement net.

Par exemple, si l'appartement coûte 150 000 €, les loyers perçus sont de 12 000 € par an, les charges annuelles sont de 2 000 € et la taxe foncière est de 1 000 €, le rendement net serait de 7,33 %.

Il est important de noter que le rendement net est un indicateur de la rentabilité de l'investissement, mais il ne prend pas en compte d'autres facteurs, tels que les fluctuations du marché immobilier ou les risques locatifs.

Calculer le coût des travaux

Il existe plusieurs façons de calculer le coût des travaux pour un appartement en location, mais voici un exemple de méthode :

1. Établir une liste détaillée des travaux à effectuer, en incluant les matériaux et la main-d'œuvre nécessaire pour chaque tâche.
2. Obtenir des devis pour chaque élément de la liste des travaux auprès de différents fournisseurs et entrepreneurs. Demandez plusieurs devis pour chaque poste.
3. Ajouter tous les coûts de la liste des travaux pour obtenir un coût total brut.
4. Ajouter un coût supplémentaire pour "imprévus" d'environ 20 %.
5. Utilisez ce montant pour le calculer dans le ratio de rendement locatif.

Il est important de noter qu'il peut y avoir des incertitudes ou des variations de coûts imprévus. Il est donc important de prévoir un budget supplémentaire pour couvrir ces éventualités.

Modèle de lettre pour donner congé à votre locataire

Coordonnées du bailleur :

Nom et prénom

Adresse complète

                                      Coordonnées du locataire :

                                                         Nom et prénom

                                        Adresse du logement loué

<u>Objet : congé pour motif légitime et sérieux</u>

À [ville], le [date du jour]

Madame, Monsieur (à préciser),

    Vous êtes locataire de mon logement situé au [adresse complète du bien loué] en vertu du bail qui nous lie depuis le [date d'effet du bail]. Ce contrat de location arrivant à échéance le [date de fin de bail], j'ai le regret, par la présente, de vous donner congé pour cette date. Conformément à l'article 15-I de la loi 89-462 du 6 juillet 1989, je vous précise que ce congé est donné pour le motif légitime et sérieux suivant : [précision du motif exact].

En conséquence, vous devrez libérer les lieux au plus tard le [date de fin de bail], date à laquelle vous serez déchu de tout droit d'occupation du logement.

En fonction de la date effective de votre déménagement, nous conviendrons d'un rendez-vous pour l'établissement de l'état des lieux de sortie et la restitution des clés en votre possession.

(Dans le cas où le locataire est protégé en fonction de son âge et de ses revenus à la date d'échéance du bail) : toutefois, étant donné que vous êtes âgé(e) (ou que vous hébergez une personne âgée) de plus de 65 ans et que vous disposez de ressources annuelles inférieures au plafond en vigueur, je vous propose de vous reloger dans un logement situé au [adresse à proximité] correspondant à vos besoins et possibilités.

Je vous remercie de votre compréhension et vous prie d'agréer, Madame, Monsieur, l'expression de mes salutations distinguées.

[Signature]

Lettre recommandée avec avis de réception (ou lettre remise en main propre contre récépissé ou émargement).

Modèle de lettre pour mise à l'ordre du jour

Nom-prénom du copropriétaire

Adresse

Code postal/ville

Nom du syndic

Adresse

Code postal/ville

Fait à (ville), le (date)

Lettre recommandée avec accusé de réception

<u>Objet : inscription d'une question à l'ordre du jour de l'assemblée générale</u>

(Madame, Monsieur),

Copropriétaire du lot (indiquer le numéro du lot) de l'immeuble situé au (indiquer l'adresse complète de la copropriété), j'atteste réception de la convocation à la prochaine assemblée générale de copropriété programmée au (indiquer la date de l'assemblée générale).

Dans ce contexte, et conformément aux dispositions prévues par l'article 10 du décret n°67-223 du 17 mars 1967, je souhaiterais que soi(en)t inscrite(s) à l'ordre du jour de cette prochaine assemblée générale des copropriétaires la/les question(s) suivante(s) :

- Résolution n°1 : (préciser la question à aborder lors de l'assemblée générale des copropriétaires).
- Résolution n°2 : (préciser la question à aborder lors de l'assemblée générale des copropriétaires).
- (Etc.)

Je vous serais par ailleurs reconnaissant de bien vouloir m'indiquer par retour de courrier avoir bien pris connaissance de cette demande d'inscription d'une question à l'ordre du jour de l'assemblée générale, et de me communiquer la réponse qui y aura été apportée.

Dans l'attente de vous lire,

Veuillez agréer, (Madame, Monsieur), l'expression de mes sentiments les meilleurs.

www.ingramcontent.com/pod-product-compliance
Lightning Source LLC
Chambersburg PA
CBHW071502220526
45472CB00003B/886